감사, 변화의 시작

인생의 터닝 포인트를 만들어 주는

감사, 변화의 시작

정정숙 지음

행복플러스

세 살 적 소아마비를 앓으면서부터 병치레를 자주 했던 나를 보며 "깨물어 보면 아프지 않은 손가락이 어디 있으랴마는 너는 제일 아픈 손가락이다"라고 하시면서 나를 위한 사랑 때문에 온갖 고생과 희생을 마다하지 않으신 어머니. 어려운 시골 살림에 도시로 나가 공부하겠다고 막무가내 우겨대는 나 때문에 납부금과 생활비 마련으로 허리가 휘어지신 어머니. 힘들고 어려웠던 유학생 시절, 집안 살림과 손자 손녀 돌보는 일에 불치병을 앓고 있던 사위 간병까지 하시느라 15년의 긴 세월을 외로운 타국에서 나와 함께해 주신 어머니.

기쁜 일이 생기면 제일 먼저 알리고 싶고, 슬프고 아플 때면 가장 먼저 생각나는 어머니. 삶이 고달파 지쳐 있을 때 엄마 목소리 듣고 나면 금세 새 힘이 솟아나는 마술사 어머니. 폭풍우에도 쓰러지지 않는 나목裸木으로 서 있도록 평생 버팀목이 되어 주신 나의 어머니. 오늘의 나를 만들어 주신 자랑스런 어머니.

구십을 넘긴 후 요양원 생활을 시작하셨는데, 거기서도 늘 감사하며 사셨던 긍정의 어머니. 치매로 가물가물 기억이 쇠해 가도 변함없는 기도로 딸을 울게 만드는 믿음의 어머니. 지금은 천국에서 나를 바라보며 활짝 웃고 계신 어머니!

말로 다 표현할 수 없는 감사를
이 책에 적어 사랑하는 어머니께 바칩니다.

『감사, 변화의 시작』은 고난 중에 태어난 작품이다. 저자는 고난을 알고 고난을 극복하며 살아가는 분이다. 고난을 보석으로 만들 줄 아는 분이다. 저자가 고난을 보석으로 만들 수 있었던 비밀이 감사다. 저자는 감사를 '기적을 만드는 선물 보자기'라고 말한다. 이 책은 기적을 만드는 선물 보자기다. 이 책은 우리를 감사의 세계로 인도해 주고, 감사의 혜택을 누리도록 도와준다. 무엇보다 구체적으로 감사할 수 있는 방법을 가르쳐 준다. 감사 근육을 키워 감사 습관을 형성하도록 도와준다. 감사를 통해 고난을 보석으로 만들기 원하는 분들에게 이 책을 추천하고 싶다. 또한 감사가 주는 다양한 축복에 대해 알기 원하는 분들에게 이 책을 추천하고 싶다.

– 강준민 | LA 새생명비전교회 담임목사

이 책을 읽지 않은 독자라면 '감사하면 당연히 좋겠지'라고 생각할 것이다. 분명 이 책은 뻔한 이야기를 하지 않는다. '감사의 기술'이 부족해서 '감사의 힘'과 그 놀라움을 맛보지 못한 사람들을 이해의 영역에서 실천의 영역으로 이끌어준다. 이 책은 다양한 방법으로 감사를 실천하고 생활 속에 스며들게 함으로써 독자들이 감사의 즐거움에 빠져들게 하고 진정한 행복감에 젖어 들게 할 것이다.

– 권혜경 | 정신분석가, 뉴욕대학교 임상외래교수

『감사, 변화의 시작』은 감사에 대한 학문적 연구뿐 아니라 여러 힘든 역경을 이겨내고 행복한 삶의 주인공이 될 수 있었던 저자의 생생한 체험과 감사의 기적이 지혜로 녹아 있다. 우리는 이 책을 통해 행복은 감사의 양과 질에 비례한다는 깨달음을 얻게 되고 자신도 모르게 감사를 실천하는 놀라운 경험을 할 것이라 확신한다. 한국에서 '행복나눔125'로 감사나눔운동을 시작한 지 15년이 되었다. 이 책의 감사에 대한 새로운 깨달음과 감동의 물결이 한국 사회의 감사운동에 또 하나의 도약이 이루어지기 바란다.

— 손욱 | 참행복나눔운동 공동대표

감사에 대한 정정숙 박사의 오랜 연구 결과로 다양한 사회과학적·정신의학적 접근을 통해 감사를 이해시켜 주는 통찰은 실로 놀랍다. 이 책을 읽은 독자라면 감사를 실천하고자 하는 강력한 욕구를 느끼게 될 것이다. 그저 책을 읽고 감사의 엄청난 가치를 확인하는 것만으로도 독자들의 삶에 터닝 포인트가 될 것이다. 진정한 감사는 현실을 부정하는 '마인드 트릭'이 아니라 자신이 처한 상황을 지혜로운 관점으로 보게 해주며, 성숙한 영성으로 인도하는 길잡이라는 사실을 알게 될 것이다. 이 책을 감사 실천을 위한 소그룹 모임에서 사용한다면 그야말로 금상첨화! 정말 '찐'이다.

— 서니 송(Sunny Song) | 임상심리학자, 탤벗신학교 교수

사람들의 관심사는 '어떻게 하면 잘 살까?'에 있다. 그래서 여러 시도를 해본다. 물질적 풍요, 건강, 가족, 직업, 친구, 사회, 친구 같은 것에서 답을 찾으려 한다. 그런데 사람들이 놓치는 것이 있다. 바로 '감사'다. 감사하는 삶이 우리의 몸과 정신과 영혼에 얼마나 유익한지는 계속 밝혀지고 있다. 그러니 정말 잘 살고 싶다면 감사의 태도를 먼저 익혀보길 바란다. 그래야 물질적 풍요 같은 것도 비로소 의미가 생긴다. 정정숙 원장이 오랜 연구 결과를 근거로 우리에게 제시하는 『감사, 변화의 시작』이 그 마중물 역할을 해줄 것이다. '앎'은 '삶'으로 이어질 때 빛을 발한다. 그러니 아는 것이 힘이 아니라 하는 것이 힘이다. 감사는 묵상이 아니다. 감사는 발견하고, 느끼고, 표현하는 과정이다. 나아가 누군가의 감사일기에 내가 등장하게 될 때 완성된다. 그래야 잘살게 된다. 이 책이 그 안내자가 될 것이다.

　－ 이의용 | 아름다운동행 감사학교 교장, 전 국민대 교수, 『10-10 감사행전』 저자

감사가 답이다! 감사해야 행복하게 된다. 그러므로 어떤 경우에도 우리는 감사를 선택해야 한다. 감사의 중요성은 아무리 강조해도 지나치지 않다. 이미 감사에 대한 수많은 책이 나온 가운데 저자가 이 책을 쓰게 된 것은 그만큼 감사가 우리 삶에 치명적으로 중요하기 때문일 것이다. 가족에게 닥친 고통을 감사로 이겨낸 저자는 학자로서 감사를 연구했고, 행동가로서 감사를 실천하며 전했다. 저자의 전 생애

에 대한 결실이 바로 이 책이다. 삶은 희로애락의 연속이지만 어떤 경우에도 과감하게 감사를 선택할 때, 감사로 마음을 채울 때, 우리 삶에 기적이 찾아온다는 사실을 알려주고 있다. 감사의 생각을 넘어 가슴으로 느껴지고 행동으로 이어지는 감사의 방법들을 구체적으로 소개하고 있는 이 귀한 책을 적극 추천한다.

– 이태형 | 기록문화연구소장

감사 연구와 자신의 체험담을 통해, 저자는 역경과 아픔의 삶을 긍정적 경험으로 변화시킨 감사의 놀라운 힘을 우리 가슴속에 전해 주고 있다. 뿐만 아니라 이 책은 더 많은 소유와 소비에서 행복을 찾는 것이 아니라 지금 내게 주어진 것에 만족하며 감사할 때 찾을 수 있으며, 감사를 통해 정서적으로나 정신적으로 건강하게 살 수 있다는 사실을 깨우쳐 준다. 특히 2년을 넘긴 전 세계적 코로나 사태로 우울감에 눌려 힘들어하는 수많은 사람들에게 이를 극복할 긍정의 힘을 준다.

– 현철수 | 위장내과 전문의

2019년 초 중증 폐렴이 찾아왔다. 계속되는 기침과 가래로 숨 쉬기가 힘들어 고통스러웠다. 항생제를 복용해도 회복되질 않았고, 이런저런 정밀 검사 끝에 '폐암' 진단이 내려졌다. 내 인생에 또 다른 위기가 찾아온 것이다. 죽음 앞에 서야 했다. 남은 삶을 어떻게 살아야 할지 고민하다가 10년 전에 쓴 자서전 『아빠의 선물』을 꺼내 읽었다.

책장을 넘기면서 지나온 삶의 발자취들을 돌아보았다. 그리고 에필로그에 눈길이 멈췄다. 갑자기 활자들이 살아서 내게로 오는 것 같았다. '아니, 지금부터 내가 해야 할 일들이 여기 적혀 있네! 그럼 10년 후 위기를 맞게 될 나를 위해 미리 적어 둔 글이란 말인가? 그러고 보니 다른 사람들을 위해 쓴 글이 아니라 바로 나를 위해 쓴 것이었구나!' 머리에 섬광이 지나가는 듯했다.

오늘 힘들어도 새로운 일 시작하기. 상황이 악화되어도 사명에 충실하기. 마지막까지 절대 포기하지 않기. 병이 나을 때까지 기다리지 말고 오늘 할 수 있는 일 찾아서 하기. 힘들고 마음이 내키지 않아도 의지적으로 생산적이고 보람 있는 일 하기. 누군가를 사랑하기. 나의 가치를 발견할 수 있는 일 하기. 작은 성취에도 기뻐하며 자신에게 손뼉 쳐 주기. 그리고 마지막으로 성공의 정상에서, 혹은 고난의 한복판에서 나를 통해 일하시는 하나님을 바라보며 감사하기. 감사로 하루를 살고, 감사로 평생을 살기!

나는 원래 감사를 잘 하는 사람이었다. 지금은 이 세상에 없는 전 남편이 근위축증으로 8년 동안 투병 생활을 할 때도 매일 감사한 일들을 함께 나누었고, 일주일에 한 번씩은 '감사 제목'을 병실 칠판에 적어두고 오가면서 감사 기도를 드렸다. 나와 가족에게 감사는 고통을 이겨내는 가장 큰 도구였다. 불평과 불만을 감사로 바꾸면 불안과 두려움이 평안으로 바뀌었다. 그때의 경험 때문에 힘든 상황 속에서도 감사하는 일이 어렵지 않았다.

그래서 이번에는 나의 오랜 '감사' 경험을 객관화하기 위해 감사에 대하여 연구하기로 결심했다. 힘든 몸을 일으켜 감사에 대한 책과 연구 논문들을 찾아 탐독했다. 먼저 내가 감사의 유익을 최대로 경험하고 누리기 위해 전문가들이 추천하는 '감사 일기 쓰기'뿐 아니라 감사의 구체적인 방법들도 실천하기 시작했다. 그 결과, 암 치료를 받는 3년 동안 육체적 · 정신적 · 영적으로 감사가 어떤 유익을 주는지 온몸으로 체득할 수 있었다. 무엇보다 '건강 때문에 최대의 위기를 맞았지만, 지금 이 시간이 60여 년의 인생 가운데 가장 행복한 때'라는 사실을 깨달았다. 믿기지 않겠지만, 나는 정말로 행복한 환자가 되었다!

이처럼 놀라운 경험을 하고 나니 자연스레 다른 사람들과 나누고 싶은 마음이 강하게 일어났다. 감사를 통해 많은 사람들이 행복하고 건강해지며 풍성한 삶을 누릴 수 있도록 돕고 싶은 소원이 생겼다. 내가 받은 기적 같은 선물 보자기를 독자들에게 전해 주고 그들이 더욱 행복해지는 것을 보고 싶었다. 이것이 이 책을 쓴 첫 번째 이유다.

아홉 장으로 이루어진 이 책은 20년간의 감사 연구를 한 데 아우름과 동시에 가장 최근의 연구 결과와 데이터를 중심으로 구성했으며, 매 장마다 감사에 대한 연구와 이론을 소개하고 있다. 무엇보다 감사의 효과를 온전히 누릴 수 있도록 하기 위해 생각에 머무는 감사를 넘어 가슴으로 느껴지고 행동으로 이어지는 감사의 방법들을 구체적으로 소개했다. 나아가 감사의 걸림돌들을 제거하고 감사를 업그레이드하기 위한 구체적인 방법들도 제시했다.

그리고 우리 사회가 당면하고 있는 총체적인 문제들을 감사를 통해 어떻게 풀 수 있는지 조명했다. 더욱이 코로나19로 인해 많은 사람들이 '코로나 블루corona blue; 코로나19와우울함의합성어로, 감염병확산으로일상이위축되고큰변화를겪으면서생긴우울감'를 겪으면서 정신적 · 육체적으로 힘들 때 '감사'를 통해 극복하게 되기를 바라는 마음으로 썼다. 실제로 감사는 정신 건강과 스트레스 해소에 결정적인 역할을 할 뿐 아니라 가정과 사회를 이전보다 더 행복하게 만들어 주기 때문이다. 이것이 이 책을 쓴 두 번째 이유다. 『아빠의 선물』 에필로그를 통해 독자 여러분들에게 행복과 건강을 안겨 줄 감사의 세계로 초대하고자 한다.

저는 여러분이 행복했으면 좋겠습니다. 좋은 일이 많이 생겨 기쁘고 행복했으면 좋겠습니다. 그러나 그것이 다가 아닙니다. 고통 속에 있어도 행복하고, 죽음 앞에서도 행복하다고 말할 수 있으면 좋겠습니다. 행복은 환경에 있는 것이 아니라 생각과 행동에 달려 있으며, 행복의 근원이신 하나님과 연결되어 있을 때 솟아나는 마음이기 때문입니다.

저는 여러분의 삶에 감사가 넘쳤으면 좋겠습니다. 아침에 눈을 떠 살아 있음에 감사하고, 하루의 시간이 선물로 주어짐에 감사하며, 해야 할 일이 있음에 감사로 문을 여는 신나는 아침을 맞이하면 좋겠습니다. 하루를 접는 잠자리에서도 '좋은 일이 있어서 감사하고, 사랑하는 사람들이 곁에 있어 감사하고, 힘든 중에도 하루를 잘 견뎠으니 감사하다' 고백하면서 마감하면 좋겠습니다. 행여 고통의 한복판에 있더라도, 아직 끝이 보이지 않는 터널 속에 있더라도, 칠흑같이 깜깜한 밤중이라 해도 '고통 때문에 나의 시선이 하늘로 향할 수 있었다'라는 감사의 고백이 우리 모두의 고백이 되면 좋겠습니다. 감사는 고통을 이길 수 있는 힘이자 행복으로 가는 관문이기 때문입니다.

2024년 2월 정정숙

차례

킨다 | 감사가 청소년들의 학습 능력을 향상시킨다 | 감사는 스트레스 관리에 명약이다 | 시니어를 위한 감사 프로젝트 | 감사 업그레이드

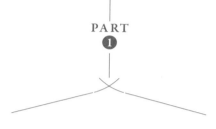

PART
1

감사는
배워야 할 기술이다

다른 공부보다 먼저 감사할 줄 아는 방법부터 배우라.
감사의 기술을 배울 때 그대는 비로소 행복해진다.

-제임스 깁슨(James J. Gibson)

감사라는
기막힌 선물 보자기

감사의 세계는 참으로 심오하고 경이롭다. 감사에 대한 연구를 하면서 꽤 많은 책과 논문들을 읽었다. 5년, 10년, 20년을 넘어 심지어 30년 동안 감사 일기를 써온 사람들의 생생한 수기는 책에서 눈을 뗄 수 없도록 꽉 붙들어 맸다. 마치 감동적인 소설을 읽는 기분이었다. 어떤 사람은 감사 일기를 40년째 지속하고 있다고 한다. 감사 일기를 쓰는 사람들의 국적이나 문화가 제각각이고 처한 형편이나 연령도 달랐지만 모두 한 가지 공통언어를 사용하고 있었다. 바로 '감사'라는 단어다. 그들 가운데에는 일반 주부부터 회사의 사원이나 중역도 있고, 오프라 윈프리처럼 잘 나가는 셀럽들도 있다. 난치병으로 고생하는 환자들도 있고,

고통스러운 순간에도 감사 일기를 손에서 놓지 않는 사람들도 있다. 감사를 통해 성장과 자기계발을 경험한 사람들에게는 감사가 행복과 성공의 비결이 되었고, 힘든 사람에게 있어 감사는 고통을 극복하는 '생존의 기술'이었다. 그들이 어떤 상황에 있든 상관없이 감사를 실천하므로 삶에 기적 같은 일들이 일어났다. 감사가 기적을 가져온 것이다!

사람들은 보통 '감사'가 삶에 유익하다는 말에 대체로 수긍한다. '감사하면 당연히 좋겠지. 감사 안 하는 것보다 훨씬 낫겠지'라고 생각하는 정도다. 그런데 감사는 매일 실천해야 하고, 감사 일기를 쓰는 것이 습관이 되어야 한다고 주장한다면? '글쎄? 그 정도까지 해야 할 필요가 있을까?'라고 의구심 섞인 표정을 짓는다.

하지만 감사가 우리에게 주는 구체적인 유익들을 알게 된다면 사람들의 태도는 금방 바뀌게 된다. 감사는 일시적으로 일어났다가 사라지는 감정이 아니라 우리 몸속에서 기적 같은 일을 행한다는 사실을 알게 된다면 말이다. '감사'를 제대로 실천하면 육체적으로 건강해질 뿐 아니라 보다 행복한 삶을 살게 된다. 인간관계도 좋아지고 정신 활동도 왕성해진다. 게다가 직장이나 일터에서 업무 성과도 높아진다. 더불어 재정적으로도 더욱 풍요로워진다. 감사야말로 기막힌 복덩어리다.

긍정심리학자들을 비롯한 감사학 연구자들이 "행복한 삶을 살려면 감사 없이는 안 된다"고 주장하는 이유가 바로 여기에 있다. 갑자기 이런 생각이 들 것이다. '감사라는 쉬운 방법이 이렇게 확실한 복덩어리라니…. 그렇지 못한 지난 세월이 참으로 아쉽고 억울하구먼. 이제라도 알

았으니 천만다행 아닌가? 아주 감사할 일 아닌가?'

감사학 연구자들과 미국 보건부 그리고 여러 대학에서 진행된 연구 결과를 토대로 정리한 감사의 유익들을 살펴보자. 다음의 도표를 보면 감사의 효과가 얼마나 큰지, 감사를 실천하므로 얼마나 큰 유익을 얻게 되는지, 또 감사하지 않으면 얼마나 큰 손해를 입는지 알 수 있다. '감사'라는 보자기 속에 이처럼 기막힌 선물들이 들어 있다니 놀랍지 않은가? 이 선물 보자기를 열어서 하나씩 배우고 실천하면서 감사의 유익을 마음껏 누려보자.

1. 행복
낙관적 · 긍정적 감정
증가, 스트레스 감소

2. 건강
면역력 강화, 콜레스테롤 저하,
심장 기능 강화, 에너지 증가,
숙면, 통증 감소, 건강 관리

8. 영성
영적 훈련과 성숙

감사

3. 관계
가족 관계 향상, 친구 증가,
깊은 연대감, 외로움 감소

7. 사회
분노와 불신 감소, 상호 존중,
신뢰 증가, 행복 사회

6. 재정
소비 감소, 저축 증가, 번영,
자족감 증가, 후원 증가

4. 정신
뇌 건강 향상, 기억력
향상, 학습 능력 향상

5. 직업
집중력 증가, 생산성 증가,
목표 달성, 고객 증가, 병가 감소

감사의 선물 보자기

감사는
과학이다

긍정심리학 이론이 정립되고 행복을 연구하는 학자들은 한목소리로 행복하려면 '감사'하라고 주장한다. 20년 전부터 본격적으로 시작된 감사에 대한 연구는 해를 거듭할수록 여러 실험을 통해 체계적이고 전문적인 양상을 갖추게 되었다. 존 템플턴 재단John Templeton Foundation은 20년 동안 꾸준하게 감사 연구를 지원해 왔고, 감사를 학문적 차원으로 끌어올리는 데 결정적인 역할을 했다. 재단으로부터 연구비를 지원받아 감사 연구에 있어 선구자가 된 학자로는 캘리포니아대학의 로버트 에먼스 Robert A. Emmons 교수와 마이애미대학의 마이클 맥컬러프Michael McCullough 교수가 있다.

두 학자를 중심으로 감사를 연구하는 학자들이 점점 늘어날 뿐 아니라 활발하게 진행되고 있다. 각계각층의 사람들을 대상으로 연구하면서 얻은 자료와 데이터를 분석하고 감사의 유익을 체계적으로 정리하면서 '감사학'이라는 학문이 탄생하게 되었다. 감사의 효과가 과학적으로 증명된 것이다.

나아가 '감사 프로젝트Gratitude Project'를 주도하면서 연구하는 전문 기관도 생겨났다. 그 대표적인 연구소가 버클리대학의 대의과학센터Greater Good Science Center다. 이곳은 최근 「뉴욕타임즈」로부터 "행복과 감사 연구의 심장부"라는 칭송을 받을 정도로 감사학의 발전에 큰 기여를 하고 있다. 이 연구팀은 그동안의 연구를 바탕으로 연령별, 또는 직장이나 단체별로 감사를 실천할 수 있도록 커리큘럼을 짜고 감사의 효과를 제대로 얻을 수 있는 구체적인 방법도 제시하고 있다. 그래서 감사의 실천을 통해 지구촌 사람들이 보다 행복하고 건강한 삶을 살도록 돕고 있다. 대의과학센터는 수년 동안 존 템플턴 재단의 기금을 받아 감사 연구를 진행한 내용과 36명의 감사학 연구자들로부터 기고를 받아 『감사의 재발견 *Gratitude Project* 』(현대지성, 2022)을 발간하기도 했다.

이처럼 감사 연구에 대해 깊은 관심을 갖고 학자들을 지원해 온 존 템플턴 재단은 2021년 추수 감사절을 맞아 그동안 진행된 감사 연구가 270건 이상이라고 발표했다. 한 주제를 두고 이렇게 방대한 연구가 이뤄지다니 실로 놀라움을 금할 수 없다. 감사 연구의 대상으로는 초등학생부터 청소년과 대학생, 부부 및 부모와 자녀, 교사, 시니어, 각종 질병을 앓고 있는 환자들, 상담이 필요한 내담자들까지 다양했다. 또한 학교, 병원, 회사, 양로원, 상담센터 및 많은 기관에서 연구가 진행되었다. 그러면 왜 각 분야의 전문가들이 감사 연구에 관심을 갖게 되었을까? 감사가 어느 특정 그룹이나 연령대에 국한된 것이 아니라 모든 인간의 삶에 반드시 필요한 것임을 알았기 때문이다.

감사는
배워야 할 기술이다

감사의 유익을 제대로 누리기 원한다면 감사를 배워야 할 중요한 기술로 받아들여야 한다. 우리는 그동안 감사의 중요성을 그리 심각하게 생각해 보지 않았다. 하지만 감사는 인간이 태어나서 살아가는 동안 반드시 배우고 실천해야 할 삶의 기술이다. 감사를 실천하는 삶과 그렇지 않은 삶 사이에는 커다란 차이가 있기 때문이다. 만약 하늘과 땅 차이라고 하면 고개를 갸우뚱하면서 너무 과장된 표현이라고 할 것이다. 하지만 감사 보자기 속에 담긴 선물을 자기 것으로 만들어 사는 사람과 불평과 불만, 원망과 시기, 분노와 억울함 등을 품고 사는 사람의 삶의 질은 실로 엄청난 차이라는 사실을 이 책을 통해 확실히 알게 될 것이다.

감사가 선물 보자기라고 한다면 그 보자기를 풀어서 내 것으로 만들어야 진정한 선물의 가치가 드러나게 된다. 이제 감사의 유익을 알았다면 어떻게 해야 모두 내 것으로 만들 수 있을까? "구슬이 서 말이라도 꿰어야 보배"라는 속담처럼 구슬을 꿰어야 목걸이를 만들 수 있고 팔찌도 만들 수 있다. 마찬가지로 감사도 구슬을 꿰는 것처럼 시간과 노력을 들이는 실천을 통해 온전한 유익을 누릴 수 있다.

감사는 몸과 마음을
변화시킨다

감사를 제대로 이해하려면 감사와 연관된 영역 세 가지를 생각해 보아야 한다. 인격을 형성하는 데 필요한 세 가지 요소는 '지정의'다. 즉 지적인 면과 정서적인 면 그리고 행동적인 측면이다. 그런데 감사를 실천할 때도 생각과 감정과 행동이라는 세 가지 요소가 유기적으로 연결되어 상호 작용한다는 사실을 알아야 한다. 그러므로 이 세 가지 요소 중에서 한 가지 요소라도 제대로 작동하지 않는다면 감사의 유익을 온전하게 경험하기 어렵다. 아래 도표처럼 감사는 '생각하는 것'으로부터 시작된다. 실제로 감사thank라는 말은 생각think과 같은 어원에서 왔다. 즉 감사하려면 감사한 사람이나 일에 대해 생각부터 해야 한다는 것이다. 생각을 하면 감사의 감정이 가슴으로 느껴지고, 그 감정은 신체의 감각 기관에 긍정 신호를 보낸다. 이때 행복 호르몬이 분비되면서 기분이 좋아진다. 여기서 느낌은 중요한 역할을 한다. 행동하도록 동기를 부여하기 때문이다.

이처럼 감사를 행동으로 표현하면 그 행동은 생각과 감정뿐 아니라 신체에까지 긍정적인 영향을 미치게 된다. 감사는 유형이든 무형이든 개인이 받은 것들에 대한 감사를 행동으로 표현하는 것까지를 포함하고 있다. 다시 말해 감사란 머리로 인정하는 사고의 영역과 느낌이 수반되는 감정의 영역 그리고 태도와 습관을 만드는 행동의 영역까지 포함한다. 이 세 가지 요소가 지속적인 상호 작용을 하면서 감사가 곧 라이프 스타일이 되는 것이다.

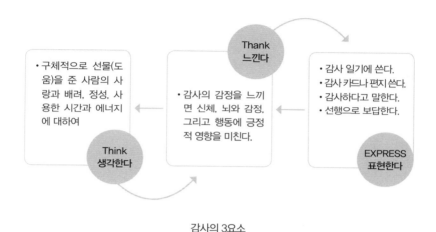

감사의 3요소

감사의 사전적 의미는 '고마움을 나타내는 인사'다. 그러니까 단순한 생각이나 느낌이 아니라 인사로 나타내는 행동이다. 그래서 감사를 명사가 아닌 동사라고 하는 것이다. 이 사실을 알려 주는 한자어 '감사感謝'를 살펴보자. '느낄 감感'은 고마움을 느끼는 감정이고, '사례할 사謝'는 '말씀 언言' 변에 '쏠 사射' 자가 합쳐진 합성어다. 중국의 후한의 경학자 허신許慎에 따르면 '쏠 사' 자는 활과 관련이 있는데, 화살을 쏘는 것처럼 '말을 발한다'라는 의미라고 한다. 즉 감사란 '감사의 느낌을 가지고 고마운 대상을 향하여 활을 쏘듯이 말을 쏘아 보낸다'는 뜻이다. 다시 말해 감사의 대상에게 과녁을 정확하게 조준해서 쏘듯 말로 감사를 정확하게 표현하는 것이다. 이렇게 볼 때 감사의 행동이란 감사 카드를 쓰거나 감사를 느끼게 한 사람에게 '감사하다'라고 진심을 담아 말로 표현하는 것이다. 그러므로 지정의가 동원된 감사를 할 때 감사의 효과를 최고치로 경험할 수 있음을 기억하자.

이 사실을 두고 에먼스와 맥컬러프 박사는 감사를 표현하는 것에 대해 "우리가 다른 사람들로부터 가치 있는 것을 받았다는 것을 인정하는 것이며, 도덕적으로는 미덕이고, 감정이자 태도이다. 이는 지속적인 실천을 통해 습관이 되고 인격 특성이 된다"라고 했다. 윌리엄 아서 워드 William Arthur Ward도 "감사를 느끼지만 표현하지 않는 것은 선물을 포장해놓고 주지 않는 것과 같다"는 말을 했다. 필자도 감사에 대해 연구하기 전에는 이 사실을 몰랐다. 그런데 이런 감사의 역동적인 힘을 알고 실천하면서 감사의 삶이 더욱 깊어지고 확장되는 경험을 할 수 있었다. 즉 총체적이고 전인격적인 감사를 하게 된 것이다.

감사를
선택하라

"순간의 선택이 10년을 좌우합니다"라는 1980년대 초 LG전자의 전신인 금성사의 텔레비전 광고 슬로건이다. 대학 시절 들었던 이 문구는 아직도 가끔 생각이 난다. 처음 들었을 때부터 이 슬로건에 끌린 이유가 있다. '그렇지 맞는 말이야. 선택은 정말 중요해'라고 고개를 끄덕이게 만들었기 때문이다. 슬로건처럼 어떤 제품을 선택하느냐가 향후 10년 동안 영향을 미칠 수 있다. 물론 이런 선택은 자주 있는 선택이 아니다. 반면 매일 선택해야 하는 것들도 있다. '오늘 아침 식사는 뭘로 할까? 다이어트를 할까 말까? 야식을 먹을까 말까?' 같은 매일의 선택이 있다. 그보다 조금 어려운 선택이라면 '오늘은 운동을 할까 말까? 오늘 감사를 실천할까 말까?' 등이 있다. 이런 선택은 10년이 아니라 평생을 좌우한다. 매일 좋은 선택을 쌓아가면 평생의 습관이 되고, 그 습관은 내게 건강과 행복을 선물해 주기 때문이다.

나는 매일 감사를 선택한다. 아침에 일어나면 "새로운 하루를 주셔서 감사합니다. 오늘도 감사하는 삶을 살겠습니다"라고 선언하면서 시작한다. 또 내가 좋아하는 코퍼 위민Copper Wimmin의 노래 가운데 「더욱 친절하게Kinder」가 있다. 이 곡은 '우리가 경험하는 모든 순간에 선택할 능력이 우리에게 있으며, 우리 안에 도움이 되지 못하는 목소리들을 과감하게 버릴 수 있는 힘과 능력이 있다'는 사실을 우리에게 교훈해 준다.

나는 행복하기로 결심했네
나는 기뻐하기로 결심했네
나는 감사하기로 결심했네

나는 결심했네
오늘 밤, 나의 모든 고통을

내 안에 있는 모든 악한 것들을 버리기로

아, 나는 아네. 내가 복 받은 사람임을
아, 나는 아네. 필요한 것 내게 더 이상 없음을

아침마다 반복되는 구절을 흥얼거리면서 내 몸과 마음을 감사로 채우기로 결심한다. 상황이 어떠하든 감사를 선택하기로 다짐한다. 내 안에서 일어나는 부정적인 생각이나 감정을 내버리고 행복하게 살기로 결심한다.

감사 습관을
만들자

감사가 습관으로 자리 잡는 데에는 얼마만큼 시간이 필요할까? 이 질문에 답을 필자의 자녀양육서『내 아이의 미래를 결정하는 가정 원칙』에서 찾아보자.

습관 들이기에 얼마만큼의 시간이 필요한지에 대한 연구가 2009년「유럽 사회심리학 저널European Journal of Social Psychology」에 발표되었다. 필리파 랠리Phillippa Lally와 그의 동료들이 96명의 참가자들을 대상으로 한 실험에서 새로운 습관으로 만드는 데 걸리는 시간은 약 66일 정도였다. 여기서 그는 식사 후 과일 먹기, 매일 물 마시기 등과 같은 간단한 실험에서부터 시간이 꽤 오래 걸리는 습관까지 조사했다. 짧게는 18일 정도 걸린 실험이 있는가 하면 254일이나 걸린 어렵고 힘든 습관도 있었다. 아이들에게 독서하는 습관이나 공부하는 습관을 길들이는 데에는 많은 시간이 걸릴 것이고, 매일 등하교 때 인사하기 같은 습관은 짧은 시간에 형성될 수 있음은 그의 연구가 아니라 해도 누구나 쉽게 짐작할 수 있다.

랠리 박사는 생각하지 않고도 자발적인 행동이 나올 때까지 66일 정도가 걸리지만, 습관으로 길들이기 전 초기 단계부터 보상이 뒤따른다면 행동이 강화된다는 사실을 발견했다. 66일 정도가 보상이 뒤따르지 않아도 행동이 자발적으로 나오게 되는 기간임을 실험으로 확인했다.

보편적으로 습관 형성에 걸린다는 66일은 이미 교육학자들에게 주지의 사실이다. 그래서 삶의 변화를 가져오는 기술 습득을 위한 학습 커리큘럼을 개발할 때는 8~10주 과정, 이상적으로는 12주 과정을 공부하도록 계획하고 만든다. 이 과정을 거치면서 첫 단계에서는 지식이 습득되고, 다음 단계에서는 습득한 지식으로 인해 태도의 변화가 이루어지며, 태도의 변화가 행동의 변화로 이어지기 때문에 커리큘럼을 만들 때 그와 같은 기간을 설정한다.

그런데 안타깝게도 빨리빨리 돌아가야 하는 사회, 인스턴트에 익숙해진 오늘날의 사회는 이처럼 시간을 들여야 내 것으로 만들 수 있다고 설명해도 주어진 과정을 빨리 끝내고 싶은 유혹을 받는다. 그래서 교육 커리큘럼의 시간을 단축하여 2박 3일이나 일주일 만에 전 과정을 이수하기 원한다. 지식 습득의 결과가 행동으로, 더 나아가서 습관으로 이어

지는 것과는 상관없이 하나의 과정을 수료했다는 그 자체에 만족하는
것이다.

　이런 점들을 고려해 볼 때 '감사 습관'을 만들려면 최소한 두세 달은
걸릴 것이다. 하지만 얼마만큼의 시간이 필요할까를 생각하기보다 감사
의 유익을 내가 직접 체험할 때까지 계속하겠다는 각오로 실천해 보기
바란다. 감사가 몸에 배어 감사 일기를 쓰지 않는 삶은 생각할 수 없을
때까지.

감사를 제대로 실천하기 위해서 반드시 해야 할 일이 있다. 첫 번째는 감사의 걸림돌을 제거하는 일이다. 감사를 제대로 못하게 하는 걸림돌에 대해서는 『감사의 심리학*Psychology of Gratitude*』을 저술한 로버트 에먼스 박사와 여러 감사학 연구자들의 조언을 들어보자. 그러면 자신이 가진 감사의 걸림돌이 무엇인지 곰곰이 생각하면서 이를 제거하기 위해 어떻게 노력해야 할지 알게 될 것이다.

감사의 걸림돌: 권리의식

제일 먼저 제거해야 할 감사의 걸림돌은 우리들의 의식 속에 만연해 있는 '당연의식 혹은 권리의식'이다. 권리의식이란 '나는 특별한 존재이기 때문에 마땅히 대접받을 권리가 있다. 그러니까 다른 사람들이 나에게 잘 해주어야 한다'는 것이다. 어떤 자녀들은 부모의 희생과 수고와 사랑에 대해 부모니까 자식을 키우고 돌보고 교육시켜 주는 것이 마땅하다고 생각한다. 또 어떤 부모는 자식이니까 부모에게 효도하는 것이 당연하다고 주장한다. 아내는 남편이 가장이니까 수고해서 돈 벌어 오는 것이 당연한 의무라고 생각하고, 남편은 아내가 살림 잘하고, 아이들 교육 잘 시키고, 남편 뒷바라지 잘하는 것을 당연한 미덕이라고 생각한다. 또 학생들은 교사가 월급을 받기 때문에 공부 잘 가르쳐 주고 좋은 성적을 받게 하는 것이 마땅하다고 생각하며, 친구니까 항상 내 편이 되어주고, 늘 잘해 주어야 마땅하다고 생각한다. 직원들은 직장에서 월급 받는 것을 당연한 일로 생각한다. 마찬가지로 사장은 회사가 급여를 주었으니 직원들이 열심히 일하는 것은 당연하다고 생각한다. 또 손님은 내가 돈을 지불했으니 식당 종업원은 내 마음에 들게 서비스를 잘해야 한다고 생각한다. 이처럼 권리의식의 예는 수없이 많다. 하지만 세상에 마땅하거나 당연한 것은 없다.

권리의식이나 당연의식에는 세 가지 문제점이 있다. 첫째, 당연하게 생각했는데 상대방이 그 일을 하지 않으면 마음에 불평과 불만이 생기고 더 나아가 분노의 감정까지 생긴다. 둘째, 당연의식이 높은 사람은 만족감이나 행복도가 떨어진다. 이는 당연의식의 가장 큰 문제점이다. 셋째, 상대방으로부터 당연한 것을 받았다면 감사할 일이 아니다. 부모에게도, 자녀에게도, 배우자끼리도, 직원과 상사 사이에도, 동료 직원에게도, 매장 직원에게도 감사할 필요가 전혀 없어진다. 그 사람들이 당연한 일을 했기 때문이다.

그런 이유 때문에 『감사의 재발견』에서 에먼스 박사는 "자아에 대한 과몰입은 온갖 양상으로 발현되지만, 무엇보다도 받은 혜택과 그 혜택을 제공한 사람을 잊고 모든 것이 자신의 당연한 권리인 양 감사할 이유를 찾지 못한다. 이 경우 늘 원망이 받은 선물보다 크기에 감사를 헤아리는 것도 별 효과가 없다"라고 말한다.

하지만 이제 우리는 감사를 실천하기로 마음먹었으니 그동안 가지고 있던 권리(당연)의식을 버려야 한다. 그리고 '이 세상에는 아무것도 당연한 것이 없다. 내게 주어진 모든 것은 결코 당연한 것이 아니라 선물이다'라고 생각해야 한다.

나의 당연(권리)의식 지수는?

다음의 설문조사를 통해 자신의 당연(권리)의식 수준이 어느 정도인지 측정해 보라. 5가지 문제를 읽은 후 자신에게 해당되는 번호를 고르라.

❶ 사무실 동료가 자신이 한 일에 대해 특별한 인정을 받을 때 당신의 기분은 어떤가?

   1) 내가 지금까지 했던 노력에 대해서 제대로 인정을 받았는지 생각해 본다. (1)
   2) 동료에 대해 시샘과 불편함을 느끼게 된다('아니, 그 일이 정말 그렇게 대단해?' (2)
   3) 동료의 기쁨에 행복감을 느낀다 (0)

❷ 수선이 필요한 내 자동차나 옷을 보게 될 때 어떤 느낌이 드는가?

   1) 수선이 필요한 자동차와 옷이 나를 제대로 보여주지 못하기 때문에 다른 사람들이 나를 존중하지 않거나 나의 진면목을 제대로 보지 못할까 봐 창피하다. (1)
   2) 더 나은 일을 위해 저축하기 때문에 오히려 기능에 이상 없는 자동차와 착용감이 좋은 옷에 대해 감사한다. (0)
   3) 내가 새로 사야 할 자동차와 옷이 너무 비싼 것에 대해 짜증이 난다. (2)

❸ 나는 지금 매우 급한 상황인데 다른 운전자나 보행자가 너무 느리게 움직여서 길이 막힌다면 어떤 기분이겠는가?

1) 긴장과 분노 (1)
2) 서툰 운전자나 느릿한 보행자에 대한 분노 (2)
3) 체념 (0)

❹ 대부분 사람들에 비해 나는 얼마나 자주 화를 내는가?

1) 다른 사람들보다 더 자주 화를 낸다. (2)
2) 다른 사람들과 비슷하다. (1)
3) 다른 사람들보다 화가 덜 난다. (0)

❺ 나의 직장생활에서는 어떤 일이 일어나고 있는가?

1) 다른 사람들이 나를 시기하고 나와 경쟁하려고 한다. (2)
2) 일이 어떻게 되든 크게 괘념치 않고 묵묵히 내게 주어진 일을 한다. (0)
3) 업무 능력이 부족한 동료나 상사 때문에 내게 일이 많이 몰려서 힘들다. (1)

채점과 평가 | 체크한 문항 끝에 적힌 점수가 0점이면 권리의식이 거의 없다는 뜻이며, 1점이면 권리의식이 약간 있음을 나타내고, 2점은 뚜렷한 권리의식이 있음을 의미한다. 위의 5가지 문항에 대한 점수 합계가 6점 이상이라면 권리의식 수준이 높다는 의미다.

(출처: 샌프란시스코 골든게이트대학 키트 얘로(Kit Yarrow) 박사가 고안한 이 권리의식 설문지의 주요 목적은 권리의식과 관련된 부정적인 감정을 설명하기 위해서다.)

행동하면 커지는 감사: 감사 일기 쓰기

매 과마다 우리는 더 깊은 감사를 하기 위해 구체적으로 해야 할 일이 무엇인지 배우고 실천할 것이다. 감사한 일을 머리로만 생각하는 데에서 한 걸음 더 나아가 행동에 옮길 때 감사의 유익을 최대로 누릴 수 있기 때문이다. 또 감사학 연구자들의 안내를 받으며 감사를 실천하다 보면 감사의 기술이 향상되고 결과적으로 감사의 달인이 될 수 있을 것이다. 첫 번째로 실천할 것은 '감사 일기 쓰기'다. 먼저 감사 일기 쓰기에 도움이 될 사항들을 살펴보자.

감사 일기 작성을 위한 가이드

1) 마음에 드는 감사 일기장을 준비한다. 일기장을 손글씨로 쓰면 뇌 인지 발달과 기억력 향상에 도움이 된다. 감사 일기는 행복플러스에서 출간한 『감사 일기』가 매일 꾸준히 써나갈 수 있도록 독려할 것이다.

2) 만약 손글씨로 쓰는 것이 불편하다면 스마트폰이나 태블릿 또는 컴퓨터에 기록하는 것도 좋다.

3) 가능하면 아침이나 저녁처럼 시간을 정해 놓고 쓴다.

4) 매일 감사한 일 3가지 정도 생각해서 일기장에 기록한다. 매일 쓰기 힘들다면 적어도 일주일에 3번은 쓰도록 노력한다.

5) 감사한 일을 적은 후 마지막에는 '감사합니다'라는 현재형으로 마무리한다. 현재형으로 쓴다면 일기를 쓰는 동안 이미 지나간 일에 대해서도 다시 한 번 감사의 감정을 느낄 수 있기 때문이다.

6) 단순한 감사 목록을 작성하기보다 감사한 내용을 구체적으로 쓴다. 구체적으로 쓸수록 감사의 유익을 전인적으로 누리게 된다.

7) 물건보다는 사람에 대한 감사를 더 많이 찾아서 쓰도록 한다.

8) "나에게 감사 받을 대상은 누구인가? 나는 누구에게 무엇을 받았는가?"라는 질문을 하면서 당신이 고마워하는 사람에 대해 왜 감사한지 적는다.

9) 당신을 도와준 사람뿐만 아니라 당신이 사랑하는 사람을 도와준 사람에 대해서도 감사하다고 쓴다.

10) 당연하게 받아들이기 쉬운 일상을 되돌아 보고 감사할 거리를 찾아내어 일기장에 기록한다.

11) '선물'이란 단어를 사용해 보자. 오늘 선물로 받은 것들이 무엇인지 생각해 보고 기록한다.

12) '미래 감사'를 해 보자. 아직 이루어지지 않았지만 미래에 받을 놀라운 선물들에 대해 감사하자. 오늘 이후로 자신에게 주어질 기대하지 않았던 축복들은 무엇일지 생각해 보면서 기록한다.

13) 매일 새로운 감사 거리를 찾기 위해 노력해 보자. 어제 감사한 것을 오늘 다시 감사해도 되지만 가장 최근의 감사가 우리 몸에 감사의 감정을 더욱 체감하게 만들고 그로 인해 감사의 유익을 더 많이 얻을 수 있기 때문이다. (소중한 가족에 대해 감사할 수 있지만, "나는 가족에게 항상 감사해요"라고 매일 똑같은 내용을 쓴다면 우리의 두뇌는 더 이상 이를 '신선한 감사'로 받아들이지 않게 된다.)

14) 부정적인 결과를 피하거나 예방할 수 있었던 일 또는 긍정적인 것으로 바뀐 것들에 대해 감사하면서 일기장을 기록한다.

감사 지수와 행복도 지수 측정하기

이 책의 맨 뒤 부록에 있는 '감사 측정 설문지'를 통해 나의 감사 지수는 현재 어느 정도인지 측정해 보고, '행복도 측정 설문지'도 측정해 보자. '감사 측정 설문지'를 2장씩 복사한 후 사전 검사와 사후 검사를 위해 사용하라. 감사 실천을 하기 전에 처음으로 작성한 설문지는 '사전 설문조사'이고, 감사 일기를 쓰기 시작한 지 8주 후에 다시 작성하는 설문지는 '사후 설문조사'다. 사후 설문조사에서 나온 점수에서 사전 설문조사의 점수를 빼면 8주 동안 어떤 변화가 생겼는지 가늠해 볼 수 있다. 자신의 감사 실력이 어느 정도 향상되었으며, 그에 따라 얼마나 더 행복해졌는지 알아보는 좋은 도구가 될 것이다.

PART
2

인생의 행복은
감사로 결정된다

행복해서 감사하는 것이 아니고, 감사해서 행복한 것이다.

-데이비드 스타인들 라스트(David Steindl-Rast)

곰돌이 푸는 어린 시절 우리 마음을 행복으로 물들여 주던 작지만 사랑스러운 애니메이션 캐릭터였다. 극 중에서 곰돌이 푸는 우리에게 이렇게 말한다. "내일을 바라보느라 행복을 놓치지 말고, 눈앞의 행복을 꼭 잡아." 아직도 행복은 여전히 먼 곳에 있다고 생각하면서 행복이 찾아오기만을 마냥 기다리는 우리를 향해 "행복한 일은 매일 있다"고 큰소리로 일깨워 준다. 그래서 눈앞의 행복이 비록 생각했던 것처럼 근사하거나 그렇게 멋지지 않더라도 오늘 찾아온 행복을 꽉 움켜쥐고 "오늘 행복하라"고 조언한다.

행복 전문가들도 지혜로운 곰돌이 푸의 생각이 옳다고 동의한다. 행복해지기 위한 12가지 연습 과제를 소개하는 책 『How to be happy』(지식노마드, 2007)의 저자인 행복학의 권위자 소냐 류보머스키Sonja Lyubomirsky 교수는 "행복이란 50퍼센트는 유전적 요인, 10퍼센트는 환경에 의해 좌우되지만, 40퍼센트 가량은 우리의 노력에 달렸다. 그러므로 사람이 행복하지 않다고 느끼는 것에는 유전적 요인이 50퍼센트 작용하기 때문에 완벽히 치유할 수 없지만, 긍정적으로 생각하는 습관을 갖고 좋은 경험을 하게 되면 행복해질 수 있으니 행복을 얻기 위해 오늘 노력하라"고 강조한다. 행복의 12가지 연습 과제 중 첫 번째 과제는 바로 '감사'다.

감사가
행복감을 증진시킨다

지난 15년 동안 미국에서는 행복학 강의가 상상을 초월한 인기를 얻고 있다. 2006년 하버드 행복학 강의로 널리 알려지게 된 탈 벤 샤하르Tal Ben Shahar 교수는 하버드대학교뿐 아니라 전 세계에 행복학 열풍을 불러일으킨 긍정심리학자이자 베스트셀러 『하버드는 학생들에게 행복을 가르친다Happier』의 저자다.

또 캘리포니아 버클리대학 대의과학센터의 행복학 강의도 있다. 이 강의는 2014년 9월에 처음 시작되었는데, 온라인 코스가 개설되면서 55만 명 이상의 학생들이 등록했다. 대커 켈트너Dacher Keltner와 에밀리아나 사이먼 토머스Emiliana Simon-Thomas 교수가 이끄는 이 강의에서는 긍정심리학의 발견을 통해 행복이 사회적 유대를 강화하고 자신보다 '더 큰 것에 기여'하는 것과 불가분의 관계에 있음을 가르쳐 주었다. 참가한 학생들은 이 강의를 통해 최근의 행복 연구에 대해 배울 뿐 아니라 행복을 불러일으키는 활동과 독서를 하게 된다. 그리고 매주 '감정 점검'을 함으로써 그들의 스트레스가 줄어들고 행복과 삶의 만족도는 현저히 증가됨을 경험했다.

가장 최근에는 코로나19와 함께 시작된 예일대학의 행복학 강의가 폭발적 인기를 끌었다. 2018년에 시작된 첫 강의에는 1,200명의 학생들이 등록을 했는데, 코로나바이러스가 창궐하는 동안에는 매달 열심히 출석하는 사람들의 수가 전년도 같은 날짜에 비해 30배 이상 증가했다고 한다.

행복학 강의가 이렇게 인기를 끄는 데는 코로나바이러스감염증의 시작과 함께 많은 사람들이 정신 건강에 어려움을 겪었기 때문이다. 이는 팬데믹pandemic 기간 동안 정신 건강에 대한 관심이 높아지고, 걱정과 불안으로부터 자신의 건강을 지키고 행복해지기 바라는 사람들이 증가했음을 보여준다. 그리고 이 사실을 감지한 언론의 집중 조명을 받은 덕분에 상상을 뛰어넘는 등록 기록을 세웠다. 지금까지 370만 명이 넘는 사람들이 로리 산토스Laurie Santos 교수의 수업을 들었으니 말이다. 그렇다면 행복학 수업의 결과는 무엇인가? 산토스 교수와 함께 한 연구팀들은 강의를 마친 후 프로그램의 효과를 측정했는데, 참석자들의 행복도가 크게 증가되었다고 보고했다.

팬데믹 중에 데이비드 스웬슨 펀드David Swensen Fund를 받아 예일대 학생들뿐 아니라 일반인들에게도 제공된 강의여서 필자도 이 강의에 참석할 행운을 얻게 되었다. 총 10주 과정의 행복학 코스는 산토스 교수가 진행을 맡고 있다. 10주 동안 수강생들은 행복을 증진시키기 위해 한 주에 한 가지씩 총 10가지 활동을 하도록 과제가 주어졌다. 놀라운 사실은 위에서 언급한 하버드나 버클리, 예일대에서 개설한 행복학 강의 가운데 결코 빠질 수 없는 공통의 필수 요소가 바로 '감사'라는 사실이다. 즉 행복해지려면 감사 일기를 쓰고 감사 실천을 계속해야 한다고 가르치기 때문이다. 그래서 감사 실천이 주된 과제로 주어진 것이다.

존 템플턴 재단의 「감사의 과학 보고서The Science of Gratitude: executive summary」에 의하면 감사하는 사람들이 가장 만족스럽고 높은 성취감을 갖게 되는 것으로 나타났다. 응답자들의 감사 수준을 보면 행복감 정도를 파악할 수 있다. 감사 연구에서 '매우 감사한다'고 답한 59퍼센트는 자신의 삶에 대해 아주 만족한다고 대답했다. 하지만 '조금 감사한다'고 답한 36퍼센트와 '별로 감사하지 않는다'고 답한 11퍼센트의 사람들은 비슷하게 삶에 대한 만족도가 낮은 것으로 나타났다. 이 연구에서 감사와 개인적인 만족은 양방향으로 작동한다는 사실을 알 수 있다. 일반적으로 만족스럽고 삶에 만족하는 64퍼센트의 사람들은 정기적으로 감사를 표현하는 반면, 삶에 만족하지 못하는 사람들 중에 29퍼센트만이 감사한다고 답했기 때문이다. 즉 감사하는 사람들이 더 행복하고, 행복한 사람들은 감사를 더 잘 표현한다는 것이다.

긍정심리학에서 웰빙이란 행복과 동일시되는 개념이다. 긍정심리학자들은 웰빙well-being을 '삶에 대한 높은 만족감과 함께 긍정적인 감정은 많은 반면, 부정적인 감정이 적어서 심리적으로 최적인 상태'라고 정의

한다. 그런데 긍정적인 감정을 증폭시키고 부정적인 감정을 최소화시키는 방법이 바로 감사이다. 에먼스 박사는 "감사는 정서적인 건강을 향상시키며, 삶의 만족에 가장 크게 관련되어 있다. 감사를 실천하는 사람들은 훨씬 낙관적이고 희망적이며 동정심을 더 많이 갖고 있다. 이들은 긍정의 감정들, 예를 들면 기쁨과 열정, 사랑과 행복감을 훨씬 더 많이 느끼며 산다"고 주장한다. 이런 이유 때문에 『감사하면 달라지는 것들』(위너스북, 2016)의 저자 제니스 캐플런Janice Kaplan은 '감사Gratitude를 행복 비타민 G'라고 불렀다.

　　버클리대학 내 대의과학센터에 의하면 최근에 시행된 감사 연구를 통해 38건 이상의 연구가 감사가 행복도에 지대한 영향을 미친다는 사실을 증명했다. 에먼스는 12~80세 사이의 사람들을 상대로 한 그룹에는 감사 일기를 매일 또는 매주 쓰도록 하고, 또 다른 그룹들에는 그냥 아무 사건이나 적도록 했다. 한 달 후 중대한 차이가 발생했다. 감사 일기를 쓴 사람 중 4분의 3은 행복지수가 높게 나타났다고 한다. 그는 연구에 참가한 사람들을 다시 세 그룹으로 나누었다. 첫 번째 그룹은 일주일 동안 일어난 일 가운데 감사한 것들에 대해 쓰도록 하고, 두 번째 그룹은 자신을 귀찮게 하는 일에 대해 쓰도록 했다. 그리고 세 번째 그룹은 긍정적이거나 부정적인 감정에 초점을 맞추지 않고 그들에게 영향을 끼친 것들에 대해 기록하도록 했다. 10주가 지난 후 감사에 대해 쓴 참가자들은 다른 두 개 그룹에 비해 훨씬 더 낙관적이었고 자신의 삶에 대해 보다 만족스럽게 느꼈다고 답했다. 놀랍게도 그들은 의사를 방문하는 횟수가 줄었고 더 많은 운동을 했다고 보고했다. 낙관적인 감정만 생긴 것이 아니라 건강 상태까지도 좋아졌다는 것이다.

감사와 행복감의
선순환

에먼스 박사의 주장과 마찬가지로 감사와 웰빙과의 관계를 연구한 다른 학자들도 "감사의 실천이 지속적인 행복감과 만족감을 느끼게 해 준다"고 주장한다. '감사와 웰빙 주기'를 이론화한 필립 왓킨스Phillip C. Watkins 박사는 동부 워싱턴대학의 심리학 교수인데, 감사가 어떻게 웰빙과 인간의 인지 과정을 향상시키는지에 대한 연구 결과를 『감사와 행복한 삶』(하우, 2017)에서 소개하고 있다. 왓킨스 박사는 감사가 우리 삶의 질을 높여 주는 데 있어 가장 중요한 요소라는 사실을 다음과 같이 설명한다. 다음 도표를 보면서 감사와 행복 사이에 어떤 상관관계가 있는지 살펴보자.

감사와 웰빙 주기

먼저 감사를 실천하게 되면 두 번째처럼 매일의 삶 속에서 일어나는 긍정적인 사건들을 놓치지 않고 인식하게 되므로 즐거움을 많이 느끼게 된다. 즐거움의 경험은 세 번째와 같이 행복감을 느끼게 해 주며, 이 행복감은 네 번째처럼 다른 사람으로부터 받은 선물 속에 깃들인 선한 의도를 잘 헤아리게 되므로 더욱 감사하게 된다는 것이다. 결국 이 과정이 반복적으로 지속되면 행복감이 더해지고, 행복감이 더해지면서 더 많이 감사하게 되는 이른바 '감사의 선순환'이 이루어진다.

다음으로는 감사가 뇌에 미치는 영향에 대한 연구를 살펴보자.

우리가 누군가에게 직접 감사를 표현하거나 누군가 우리에게 감사를 표현해 줄 때 우리 뇌에서는 감정에 직접적으로 관여하는 신경 전달 물질인 도파민과 세로토닌이 분비된다. 분비된 신경 전달 물질들은 우리의 기분을 좋게 만들어 주고 내적 행복감을 느끼게 해 준다. 감사를 실천하면 신경 전달 물질 분비는 증가되고, 이에 따라 뇌의 신경회로들이 긍정적으로 강화되며, 궁극적으로 우리 안에 영구적인 감사와 긍정적인 특성들이 늘어나게 된다.

이른바 우리 뇌가 '감사하는 뇌'로 바뀌는 것이다. 이것이 바로 자신의 행복과 타인의 행복을 위해서 매일 의식적으로 감사를 표현해야 하는 이유다. 하지만 이와는 반대로 우리 주변에는 어떤 상황에서나 부정적인 면들을 먼저 보고, 부정적인 면에 초점을 맞추거나 부정적으로 생각하고 판단하고 해석하는 사람들이 많다. 더 큰 문제는 그들의 부정적인 성향이 불평이나 불만으로 끝나지 않고 불행감을 갖도록 한다는 데 있다. 그들의 특성을 위의 〈감사와 웰빙 주기〉 도표를 따라 시나리오를 만들어보자. 매일 일어나는 일 가운데 그들은 다음의 악순환을 되풀이한다. ① 감사할 일을 찾지 못한다. → ② 그러므로 하루 중 긍정적인 사건들이 있었음에도 이를 놓쳐 버리고 즐거움을 경험하지 못한다. → ③ 결과적으로 행복감을 느끼지 못한다. → ④ 그러니 감사할 일이 없다.

그렇다면 불평이나 불만이 많아서 기쁨이나 행복감을 느끼지 못하고 불행감을 느끼는 사람들의 뇌에서는 무슨 일이 일어날까? 그들의 뇌에서는 스트레스로 인해 분비되는 코르티솔cortisol의 영향으로 기분이 나빠지거나 우울해진다. 기분이 나쁘거나 우울해지면 좋은 선물을 받아도 그 선물에 담긴 선한 의도를 인식하지 못한다. 그러니 감사할 수 없게 된다. 이른바 '감사하지 못하는 상태가 지속됨으로써 부정적인 악순환'의 고리가 만들어지는 것이다. 이것이 감사하지 못함과 불행의 관계이다. 당신은 감사하며 행복을 느끼며 살고 있는가? 아니면 감사하지 못하고 불행을 느끼면서 살고 있는가? 만약 당신이 첫 번째 질문에 답을 했다면 지속적인 감사 실천을 통해 더 행복해지기를 바란다. 반대로 당신이 두 번째 질문에 답했다면 오늘부터 감사를 실천함으로써 불행의 사슬을 끊고 행복한 삶을 살기 바란다.

감사는
우울과 불안을 감소시킨다

감사는 스트레스를 줄여주고 그로 인해 자율 신경계의 기능을 잘 관리하게 함으로써 우울증과 불안 증상을 크게 감소시키는 효과가 있다. 유명한 명상 훈련 사이트인 지바메디테이션zivameditation.com의 창립자 에밀리 플레처Emily Fletcher는 감사를 '자연 항우울제'라고 말하면서 매일 감사를 실천할 때 감사의 영향은 약물과 거의 동일한 효과를 낼 수 있다고 주장한다. 감사 연구에서 일관되게 나타나는 결과가 매일 밤 그날의 감사한 것을 세 가지씩 일기로 쓰는 사람들의 경우 행복감이 올라가고 우울감이 낮아진다는 점을 발견했기 때문이다.

세계적 심장 연구기관인 미국 하트매스연구소HeartMath Institute도 여러 해에 걸쳐 진행한 연구를 통해 감사 실천은 스트레스를 훨씬 더 잘 관리할 수 있도록 돕는다는 사실을 확인해 주었다. 또한 감사할 때 우리 몸 안에서는 DHEADihydroepiandrosterone라는 안정 호르몬이 분비되어 몸과 마음을 편하게 해 준다고 주장한다. 이런 과정이 반복되면 우리 뇌의 회로가 긍정적인 쪽으로 활성화되면서 재배치가 이루어진다.

지난 10년간 의식적으로 받은 복을 세어 보는 사람들은 더 행복하고 우울한 경향이 훨씬 적다는 사실을 연구를 통해 검증했다. 이 연구 결과를 토대로 정신 건강 상담을 받는 사람들에게 비용이 들지도 않고 그리 어렵지 않은 '감사 일기 쓰기'나 '감사 편지 쓰기'를 권하는 상담사나 심리 치료사들이 늘어나고 있다. 인디애나대학의 조슈아 브라운Joshua Brown 박사와 조엘 웡Joel Wong 박사의 연구는 감사가 정신 건강에 어떤 유익을 주는지 설명해 준다. 이 연구팀에서는 정신 건강 상담을 받는 300명의 대학생들을 대상으로 연구를 진행했다. 이 대학에서 상담 서비스를 받으려는 사람들은 대부분 우울증이나 불안과 같은 문제로 고생하고 있었다. 상담의 첫 번째 세션을 시작하기 전에 그들의 정신 건강 상태는 임상적으로 낮은 수준이었다. 연구팀은 300명의 학생들을 무작위로 세 그룹으로 나누고 그들 모두에게 상담 서비스를 제공했다. 첫 번째 그룹은 상담과 더불어 3주 동안 매주 다른 사람에게 감사 편지를 쓰라는 숙제를 주었고, 두 번째 그룹은 상담과 함께 부정적인 경험에 대한 그들의 생각과 감정에 대해 쓰도록 했다. 그리고 마지막 세 번째 그룹은 상담만 받고 다른 활동은 하지 않았다.

과제가 끝난 4주 후와 12주 후에 어떤 결과가 나타나는지 살펴보았다. 이 연구를 통해 상담과 함께 감사 카드를 쓰는 것이 정신적으로 건강한 사람뿐만 아니라 정신 건강 문제로 어려움을 겪는 사람들에게도 도움이 된다는 사실을 확인했다. 심리 상담을 받는 것 외에도 감사를 실천하는 것은 그 기간이 짧아도 상담만 받는 것보다 훨씬 더 큰 이점을 가져다주는 것으로 나타났다. 나아가 상담과 감사 실천을 병행하면 중독이나 자살 위험도 줄여준다고 보고하고 있다.

최근 한국에서 발표된 연구팀들의 보고에 따르면 코로나19의 장기화로 우울증 유병률이 5배 높아졌다고 한다. 전남대병원 정신건강의학과 연구팀이 코로나바이러스 감염 이력이 없는 일반인 1,492명과 대학병원 간호사 646명을 대상으로 연구 조사를 실시했다. 그 결과를 "COVID-19 기간 한국 일반인들의 우울증 위험 요소와 보호 요소에 대한 연구"라는 논문을 영국의 저명 학술지 「BMC Psychiatry」와 국제정신건강간호협회 공식 학술지 「Archives of Psychiatric Nursing」에 발표했다.

이 연구에 따르면 일반인 중에서 코로나19로 인해 뚜렷한 우울 증세를 보인 환자는 20.9퍼센트였다. 이는 코로나19 발생 이전의 우울증 평균 유병률인 4퍼센트대보다 5배가량 높은 수치로서 코로나19 시태의 장기화에 따라 많은 사람들이 심각한 정서적 어려움을 겪고 있다는 사실이 밝혀졌다. 특히 코로나19 시기의 우울증을 일컫는 '코로나 블루Corona Blue'는 경제적 스트레스와 외로움을 느끼는 정도가 높거나 정신 질환을 치료 중인 청년층에서 더 증가하는 것으로 나타났다.

연구 책임자인 김성완 교수는 "코로나19 팬데믹 상황에서 감사의 마음이 일반 시민과 의료진의 정신 건강에 '심리적 백신' 역할을 할 수 있다는 것을 보여 준 연구였으며, 장기화된 코로나19 상황에서 취약 계층을 지원하고 정신 건강을 보호할 수 있는 다양한 심리적 자원과 정책 개발이 필요하다"고 총평했다.

감사는 부정적 감정을 감소시킨다

감사가 어떻게 부정적인 감정을 감소시킬 수 있다는 걸까?

2017년 조슈아 브라운 박사와 조엘 윙 박사는 감사 편지 쓰기 그룹의 참가자들이 사용하는 단어를 분석함으로써 감사 편지 쓰기와 정신 건강의 메커니즘을 이해하게 되었다. 연구팀은 참가자들의 글에서 사용하는 긍정적인 감정 단어와 부정적인 감정 단어, 그리고 우리라는 1인칭 복수의 비율을 비교했는데, 감사 쓰기 그룹의 사람들은 긍정적인 감정 단어들을 더 많이 사용하고 우리라는 단어도 많이 사용하고 있었다. 뿐만 아니라 그들은 다른 쓰기 그룹에 비해 부정적인 감정 단어들을 적게 사용했다.

하지만 긍정적인 단어를 더 많이 사용했다고 해서 나중에 더 나은 정신 건강 상태를 보고한 것은 아니었다. 그보다는 감사 편지 쓰기에서 부정적인 감정 단어를 덜 사용한 사람들이 훨씬 더 나은 정신 건강 상태를 보였다. 이 연구를 통해 감사 편지 쓰기가 분노와 질투와 같은 독성 감정으로부터 자신을 지켜준다는 사실을 알게 되었다. 결과적으로 우리가 다른 사람들에게 얼마나 감사하는지, 그리고 다른 사람들이 우리의 삶에 얼마나 큰 축복인지에 대해 글을 쓸 때 부정적인 경험을 반추하기가 어렵다는 사실을 확인할 수 있었다.

베일러대학교의 저명한 윤리학 교수인 로버트 로버츠Robert Roberts 박사는 "감사의 미덕Virtue of Gratitude"이라는 연구 논문에서 "감사가 왜 축복이 되는가?"라는 질문에 대해 감사가 우리를 불행하게 만드는 부정적 감정을 제거시키거나 완화시켜 주고, 긍정적인 감정으로 대체시켜 주기 때문이라고 했다. 감정을 연구하는 심리학자들도 감사는 불행과 역기능을 가져오는 분노나 후회, 질투를 불식시키거나 감소시킬 수 있다며 같은 주장을 한다.

그 외에도 하트매스의 연구팀들도 감사가 우리를 불행하게 만드는 감정들, 즉 불안이나 절망감, 수치심과 죄책감 같은 감정들을 중화시키고 정화시킨다는 사실을 입증해 주었다. 롤린 맥크러티Rolline McCraty 박사와 그의 동료들이 시행한 감사 연구에서도 감사를 느낀 참가자들에게서는 스트레스 호르몬인 코르티솔의 수준이 현저히 낮아졌으며, 좌절감이나 부정적인 경험으로부터 빨리 회복되는 것을 발견했다.

감사는
외상 후 성장을 가능케 한다

'외상 후 성장'이란 긍정심리학의 대표적인 영역으로 트라우마 사건을 극복하기 위해 애쓴 결과로 주어지는 긍정적인 변화를 일컫는 말이다. 토드 카시단Todd B. Kashdan, 지텐드라 어스와트Gitendra Uswatte, 테리 줄리언Terri Julian에 의해 수행된 연구에서 외상 후 스트레스 장애PTSD로 진단을 받은 42명과 알렉산더 우드Alexander Wood 박사팀이 35명의 참전 용사로 구성된 샘플 연구에서 PTSD와 감사의 관계를 조명했다. 이 연구에서 PTSD를 가진 사람들은 감사 점수가 실질적으로 평균보다 낮다는 사실을 발견했다. 그런데 외상 후 성장을 경험한 대상자들은 감사를 실천한 사람들이라는 사실을 알아냈다. 이런 이유로 감사가 외상 후 성장을 가져오는 데 핵심적인 역할을 한다고 주장한다. 그들은 고통스런 경험을 통해 인생을 더욱 충만하게 살게 되고 가족과 친구에 대한 감사가 강화되며, 하루하루를 더 소중히 여기게 된다고 말한다.

감사의 걸림돌: 부정적 사고방식

늘 부정적인 사람들이 있다. 거의 모든 상황에서 그들은 재빨리 문제와 불평 거리를 찾아낸다. 반면에 긍정적인 부분에 대해서는 함구한다. 아주 특별하게 좋은 일이 일어나지 않는 한, 감사할 일이 거의 없다고 생각한다. 모든 상황을 부정적으로 바라보고 해석하는 것이다. 이처럼 부정적인 사람은 즐거움, 기쁨, 행복 같은 긍정적인 기분을 느끼기 어렵다. 그러므로 무감각하게 살든지, 아니면 부정적인 감정을 갖고 살 가능성이 크다. 그들의 생각과 감정이 그러하니 감사하기가 어렵다.

우리 주변에서도 그런 사람들을 가끔 만나게 된다. 타인이 객관적으로 보기에는 감사할 일이 참 많을 법한 데도 정작 본인은 그렇게 생각하지 않는다. 여러분은 어떤가? 세상을 바라보고 사람들을 바라볼 때, 또 매일 부딪치는 일들을 바라볼 때 어떤 눈으로 보고 있는가? 여러분이 부정적 사고방식을 갖고 있다면 열심히 노력해서 감사 실천을 시작해야 한다. 그렇지 않으면 부정적 사고방식 때문에 감사가 어려울 것이고, 결과적으로 감사가 가져다주는 많은 유익을 얻지 못하기 때문이다.

나의 부정적 사고방식의 크기가 얼마인지 그래프에 표시해 보자. 만약 부정적인 사고방식이 더 크다면 어떻게 감사를 실천할지 생각해 보자.

0은 매사에 매우 긍정적이다. 5는 긍정적인 면과 부정적인 면이 골고루 있다. 10은 매사에 매우 부정적이다.

행동하면 커지는 감사:

감사의 상기물과 감사 사진 찍기

감사 일기를 쓰기로 결심했지만, 잊어버려서 매일 쓰지 못했다는 사람들이 더러 있다. 그렇다. 잊어버리는 것! 이게 문제다. 잊어버리기 때문에 작심삼일로 끝나는 경우가 많다. 그렇다면 어떻게 해야 잊지 않고 감사를 실천할 수 있을까? 목표를 성취하기 위해서는 습관이 될 때까지 그 행동을 기억나게 해 주는 '상기물reminder'이 필요하다. 여기저기 감사를 생각나게 하는 물건들을 놓아두는 것이다. 부엌에 가도, 화장실에 가도, 침실에 가도, 직장에도 감사의 상기물이 있으면 망각하는 일이 훨씬 줄어든다. 필자도 처음 감사를 실천하면서 저렴한 가격의 상기물들을 구매했다. '감사하라'는 문구가 새겨진 장식품을 현관에 두었다. 또 감사 문구가 쓰인 액자도 벽에 붙여 놓았다. '감사합니다'라고 적힌 컵도 2개 사서 화장실과 부엌에 두었다. 스마트폰에는 '나는 감사합니다'라는 문구가 적힌 배경화면을 저장해 볼 때마다 감사가 생각나도록 했다.

두 번째로는 감사한 일을 사진으로 찍는 것도 큰 도움이 된다. 필자의 스마트폰 사진 앨범에는 감사한 일에 관한 사진들이 많이 저장되어 있다. 누군가로부터 선물을 받으면 거의 예외 없이 그 선물을 사진으로 찍어두고, 선물을 준 사람에게 감사의 메시지와 함께 그 사진을 보낸다. 맛있는 음식을 만들어 준 사람에게는 그 음식을 상에 차린 후 식사하기 전에 사진을 찍어두었다가 감사 메시지와 함께 사진을 보내 준다. 감사 메시지와 사진을 본 사람들은 예외없이 특별한 메시지를 다시 보낸다. "잘먹어 주어서 감사하고 메시지도 감사하다"고. 이처럼 사진을 찍어 감사를 실천하다 보면 그 선물을 준 사람들의 마음이나 음식을 만들어 준 사람들의 사랑과 정성에 감동하게 되고, 결과적으로 더 깊은 감사를 느끼게 된다. 그리고 가끔 사진 앨범에서 감사하려고 찍었던 사진들을 보면서 또다시 감사의 마음이 생겨 감사가 더욱 커짐을 경험하곤 한다.

감사를 잊지 않고 실천하기 위해 사용하는 감사의 상기물과 감사 사진 찍기 아이디어가 어떤가? 당신도 감사의 상기물을 구입하거나 직접 만들어서 집안 구석구석에 놓아두길 바란다. 캘리그래피를 할 수 있는 지인에게 부탁해 감사 액자를 만들어도 좋고, 돈을 아끼려면 자신이 직접 써서 붙여도 된다. 어쩌면 당신이 직접 만든 것이 더 좋은 상기물이 될 수 있다. 당신의 관심과 애정이 들어가 있기에 더 큰 의미가 있을 것이다. 가족들의 사진이나 자녀의 귀엽고 사랑스런 사진을 붙이고 거기에 감사 문구를 써넣으면 더없이 멋진 상기물이 될 것이다. 이런 상기물들은 감사가 습관으로 자리잡는 데 있어 분명 큰 도움이 될 것이다.

긍정 언어 사용하기

자신이 사용하는 언어들을 유심히 살펴보자. 긍정 언어를 많이 사용하는지, 부정 언어를 더 많이 사용하는지 관찰해 보라. 부정 언어란 불평이나 불만, 짜증이나 분노와 같은 단어들이다. 말은 의사 전달 수단을 넘어 그 사람의 인격을 드러내는 그릇이라고 한다. 그 사람의 마음속에 있는 것들이 말로 나오기 때문이다. 내 속에 부정적인 생각이나 감정이 가득하다면 부정 언어들이 자연스럽게 튀어나오기 마련이다. 부정 언어 사용은 감사를 어렵게 만든다. 그러므로 긍정 언어나 감사 언어를 쓰기 위해 노력하면서 가능하면 부정 언어는 입 밖에 내지 않도록 조심하자.

감사 근육 키우기: 자신이 선물이다

성 아우구스티누스는 이런 말을 남겼다. "인간은 높은 산과 태양과 별들을 보고 감탄하면서 정작 자신에 대해서는 감탄하지 않는다." 자신에 대한 감사는 매우 중요하다. 이번 주는 '나 자신'에 대해 깊이 생각해 보고, 자신을 위해 감사한 것이 무엇인지 구체적으로 감사 일기에 써 보자. 자신의 긍정적인 성격이나 장점, 재능이나 능력, 자신이 갖고 있는 독특한 점, 자신이 주변 사람들에게 미치는 영향력 등을 곰곰이 생각해 보면 감사할 일이 많다는 사실에 놀랄 것이다. 처음엔 서너 가지부터 시작해서 계속 자신에 관한 감사 거리를 찾아보자. 필자도 60번째 생일을 맞이하면서 '자신에 대한 60가지 감사'를 적어 보았다. 아주 크고 대단한 것들이 아닌 작은 것들이라도 놓치지 않기 위해 노력했다.

PART
③

감사가
내 몸의 건강을 지킨다

감사는 신체적 건강을 확실히 증진시킨다.

-로버트 에먼스

　　건강에 관한 관심은 중년층이나 노인층에만 국한된 것이 아
니다. 보건복지부에 의하면 30세 이상 인구의 3분의 1이 성인병을 갖고
있다고 발표했다. 이는 현대 사회의 발달로 인해 식생활을 비롯한 전반
적인 생활 습관이 급속하게 서구화됨에 따라 질병의 양상이 크게 달라
졌기 때문이다. 특히 젊은이들에게 불규칙적인 생활 습관으로 인해 나
타나는 복부 비만과 관련해 고혈압, 당뇨, 고지혈증 및 심혈관 질환이 기
하급수적으로 증가하는 추세다. 주된 원인으로는 운동 부족이나 나쁜
식습관, 혹사에 가까운 학업이나 취업 활동으로 인한 스트레스, 과도한
직장 업무로 인해 젊은이들이 이른 나이부터 성인병을 앓는다고 한다.
이 같은 사실을 인지한 젊은이들은 성인병 예방을 위해 정기 건강 검진
을 받고 적절한 운동이나 건강한 식생활과 다이어트에 관심을 갖고 실
천하고자 노력한다. 참으로 고무적인 일이다.

신한카드 빅데이터연구소인 'Trendis'는 빅데이터를 통해 젊은이들의 건강에 대한 노력이 어떤 소비 패턴으로 나타나는지 조사했다. 이 조사에 따르면 건강 관리를 위한 소비 중 가장 주목해 볼 부분이 첫 번째로 건강 기능 식품에 대한 이용이 눈에 띄게 증가했다는 사실이다. 최근 2년 사이 건강 기능 식품 판매량이 약 90퍼센트 이상 증가했다고 한다. 그런데 건강 기능 식품의 주요 소비층은 30~40대라고 한다. 이는 30~40대가 몸 관리도 자기개발의 하나로 생각할 만큼 건강 관리에 적극적이란 사실을 말해 준다.

두 번째로 요즘은 불안과 스트레스로 인해 불면증을 겪는 사람들이 많아져서 숙면을 위한 고가의 매트리스나 침구 판매가 늘어나고 있다고 한다. 최근 2년간 300만 원 이상의 매트리스를 구매한 고객은 약 16퍼센트 증가했는데, 숙면이 건강한 삶을 위한 필수 요소로 인식됨에 따라 질 좋은 수면을 위한 과감한 투자가 젊은 층으로까지 확대된 까닭이라고 분석했다.

마지막으로 전통적인 건강 관리법 이외에 스마트 기기나 어플 등 디지털 기술을 접목해서 쉽고 간편하게 몸과 마음을 케어할 수 있는 서비스들이 새롭게 등장하고 있다. 어플을 통해 명상이나 심리 상담 서비스를 받기도 하고 개인별 맞춤 영양제를 정기 배송해 주거나 비대면으로 운동과 식단 관리를 도와주는 퍼스널 트레이닝 서비스들이 주목을 받고 있다. 이처럼 건강을 위해 돈과 시간과 에너지를 계속 투자하고 있는 젊은이들은 감사가 건강 관리에 큰 도움이 된다는 사실을 알고 있을까? 그럼 이제부터 감사가 건강에 어떤 유익이 있는지 구체적으로 살펴보자.

감사는 면역 체계를
긍정적으로 변화시킨다

　감사 연구의 권위자인 에먼스 박사는 감사 일기를 쓰는 사람들은 그렇지 않은 사람들에 비해 33퍼센트 운동을 더 많이 했고, 건강 관리도 더 잘하게 된다고 말한다. 또 감사 일기를 쓰면 건강에 해로운 지방 섭취가 20퍼센트 정도 줄고 혈압도 10퍼센트 낮아졌다고 한다. 뿐만 아니라 심장 기능이 개선되면서 면역력도 좋아지게 되었다. 감사를 제대로 실천하면 에너지가 증가되면서 피로감이 줄어들고 염증도 감소되었다는 사실도 확인할 수 있었다.

　자기개발서 작가이자 강연자인 스티브 스콧Steve J. Scott에 의하면 감사는 암이나 후천성 면역 결핍증과 같은 말기 상황을 잘 관리하고 대처하는 것으로 나타났으며, 특정 의료 절차에서도 회복이 빠르고 면역 체계에도 긍정적인 변화가 나타난 것으로 보고하고 있다. 96명을 대상으로 11주 동안 매주 감사 일기를 쓴 사람들은 40분 이상 운동을 더 하게 되었고 건강 관리를 더 잘했으며, 통증도 덜 느끼는 것으로 나타났다. 또 감사하는 사람들은 의사 방문 횟수가 줄어든다는 사실도 확인되었다. 감사는 또한 포도당 수준을 통제하는 데에도 큰 도움이 된다.

　감사와 통증 정도를 알아보는 연구에서는 감사한 일과 부담스러운 일을 기록하는 것 사이에 어떤 차이점이 있는지를 알아보았다. 한 그룹의 참가자들은 감사한 일을 적고, 다른 그룹은 부담스러운 일을 기록하고 난 후의 결과는 놀라웠다. 감사한 일을 적어 보관한 환자의 16퍼센트가 통증이 감소되었고 치료 절차에 보다 적극적으로 협조했다. 감사가 도대체 뭐길래 육체적 건강에 이런 영향을 미치는 것일까?

감사는
심장을 건강하게 만든다

『감사의 재발견』에는 감사가 심장 기능을 강화시킨다는 연구 보고가 실려 있다. 감사는 겉으로 드러나는 증상뿐 아니라 눈에 보이지는 않지만 건강을 뒷받침해 주는 생물학적 과정에도 영향을 미친다. 염증은 심혈관계를 비롯하여 몸에 악영향을 미치는 면역 반응의 일종이다. 조사에 따르면 특정 심장 질환이 있는 환자 중 8주간 감사 일기를 쓴 이들의 염증 수치가 줄어들었다. 감사 수준이 높은 사람들은 심장병과 심정지 정도, 당뇨, 만성 신장 질환, 각종 암, 사망과 연관 있는 적혈구 내 단백질 수치, 헤모글로빈 수치가 눈에 띄게 낮아졌다.

마음을 따뜻하게 하는 감사의 위력은 심장 건강에까지 확대된다. 1995년도의 연구에서는 타인의 감사 표현을 통해 인정받는다고 느끼는 사람들의 심박 변이도가 향상된다는 사실을 확인했다. 2016년에 실시한 조사에서는 2주간 예전에는 고마운 줄 몰랐던 사람과 대상에 대해 감사 일기를 기록한 여성들은 그냥 아무 사건이나 기록한 여성보다 혈압도 낮게 측정된다는 결과를 얻었다.

감사는 심장 발작에서 회복하는 데에도 도움이 된다. 제프리 호프먼 Jeffrey K. Hoffman과 동료 교수진이 수행한 연구에 따르면 낙관적이고 감사하는 사람들과 덜 감사하는 사람들을 비교했을 때 심장 발작으로 입원한 지 (6개월 후는 아니지만) 2주가 지났을 때 전자의 혈관 기능이 훨씬 향상되었다.

뿐만 아니라 하트매스연구소의 맥크러티 박사와 연구팀이 시행한 감사 연구에서는 감사를 느낀 참가자들에게서 스트레스 호르몬인 코르티솔의 수준이 현저히 낮아졌음을 발견했으며, 더 나은 심장 기능을 가지고 있다고 보고했다. 또 연구를 통해 감사할 때와 짜증이나 좌절감을 느낄 때 심박 변동율이 달라진다는 사실을 알게 되었다. 다음의 그래프에 나타난 것처럼 짜증이나 좌절감과 같은 부정 감정을 갖게 되면 호흡이 불규칙하게 된다. 결과적으로 우리 몸의 교감 신경계와 부교감 신경계가 원활하게 작동하지 못한다. 즉 부정 감정을 느끼게 되면 우리 몸의 에너지는 고갈되고 이로 인해 호흡계와 심장과 호르몬계에 경고 체계가 작동된다. 이때 교감 신경계가 지나치게 활성화되므로 아드레날린이나 코르티솔이 분비된다. 만약 15분 동안 부정 감정을 느낄 경우 우리 몸과 마음은 10시간 정도 건강에 취약한 상태가 된다고 한다. 뿐만 아니라 심장과 뇌와 감정이 부조화 상태가 된다. 결과적으로 면역계와 호르몬계 그리고 신경계 사이에 균형과 조화가 깨지게 된다.

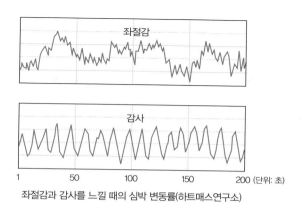

좌절감과 감사를 느낄 때의 심박 변동률(하트매스연구소)

하지만 긍정적인 기분을 느끼며 호흡할 때는 호흡이 고르고 규칙적으로 된다. 행복이나 기쁨과 평화와 같은 긍정 감정을 느낄 때 심장은 고른 패턴으로 뛰게 된다는 말이다. 그 가운데 가장 안정된 패턴으로 심장을 뛰게 하는 경우는 위의 그래프에서 보는 것처럼 깊은 감사를 느낄 때이다. 다시 말해 감사에 대한 생각뿐만 아니라 감사의 감정을 느낄 때라는 사실을 기억하자.

하트매스연구소에 따르면 우리 몸에서 3분 정도 분비된 호르몬은 몸 안에서 약 2시간을 머문다고 한다. 즉 3분 동안 감사의 감정을 느끼게 되면 그로 인해 우리 몸에서 활력 호르몬이 분비되고 2시간 동안 우리 몸에 유익을 가져온다는 뜻이다. 이 공식대로라면 아침에 15분 정도 감사를 느끼게 될 경우 우리 몸은 약 10시간 동안 활력 호르몬의 영향으로 건강을 위한 최적의 상태가 된다. 감사가 도대체 무엇이기에 우리의 호흡계와 심장 그리고 호르몬계에 이런 영향을 미치는 것일까?

하트매스연구소가 발명한 바이오피드백 기구인 '이너 밸런스Inner Balance'를 켜 놓은 상태로 감사를 느끼며 호흡을 하면 자신의 호흡 상태가 스크린에 그래프로 나타난다. 이 이너 밸런스는 병원에 가면 쉽게 볼 수 있는 바이오피드백 기구와 거의 같은 역할을 한다. 큰 클립은 가슴에, 작은 클립은 귀에 꽂고 호흡을 시작하면 심장 박동율이 그래프를 그리며 나타난다. 이 이너 밸런스는 호흡의 질이 어떠한지를 색깔로 표시하는데, 호흡이 안정되고 규칙적일 때에는 연초록 색깔의 불빛이 신호음과 함께 나오며, 부정적인 감정을 느끼거나 심장에 집중하지 않으면 금방 호흡이 불규칙해지면서 빨간 색깔로 바뀌게 된다. 그 둘 사이의 중간 상태에서는 파란색 불빛이 켜진다. 이 그래프의 색깔들만 봐도 자신의 호흡과 감정 상태를 금방 알 수 있다.

감사가 이처럼 호흡뿐 아니라 심장과 뇌에 영향을 미친다는 사실을 배우고 난 후 나는 가슴으로 감사를 느끼며 호흡 연습을 했다. 특히 몸의 컨디션이 안 좋을 경우나 스트레스를 받을 때면 나의 호흡이 금방 불규칙해진다는 사실을 이너 밸런스를 통해 확인한 후로는 틈만 나면 하루에도 몇 번씩 감사를 느끼며 심장 호흡을 하게 되었다. 3년 동안 치료를 받으면서 꾸준히 감사 실천과 함께 '감사 호흡'을 한 결과, 심박 변동율 상태가 몰라보게 좋아졌다. 하트매스연구소의 연구 결과대로 설명한다면 내 호흡기나 심장 기능뿐 아니라 면역계가 많이 회복되었고 건강해졌다는 사실을 알 수 있었다. 펄스옥시미터Pulse Oximeter를 이용한 산소포화도 측정에서도 모두 정상 수치가 나왔고 가끔 병원에서 받는 심전도 검사에서도 여전히 정상을 유지하고 있다.

감사가
수면의 질을 높인다

　감사는 수면 시간을 증가시키고 나아가 수면의 질도 높인다. 우리 뇌의 시상 하부는 신체의 모든 메커니즘을 조절하는데, 수면도 시상 하부가 관장한다. 킹스칼리지런던King's College London의 롤런드 잰Roland Zahn 박사 연구팀에 의하면 "감사에 의해 자극을 받은 시상 하부는 우리가 매일 더 깊고 건강한 수면을 취할 수 있도록 도와준다"고 주장한다. 이처럼 감사로 가득 찬 뇌는 매일 밤마다 잠을 더 잘 자고 매일 아침 상쾌하고 활기찬 느낌으로 깨어나도록 한다. 「월스트리트저널」 선정 베스트셀러 작가인 스티브 스콧의 『행복한 사람Happier Human』에서 "만성 통증을 경험하는 65명을 대상으로 한 연구에서 매일 밤 감사 일기를 쓴 사람들은 그렇지 않은 사람들보다 30분 이상 더 많은 수면을 취했다"고 보고했다. 또한 400명의 건강한 개인을 대상으로 한 연구에서도 감사 테스트에서 더 높은 점수를 받은 사람들은 더 빨리 잠이 들고, 수면의 질도 더 좋고 수면 시간도 증가되었다고 보고했다.

　나도 아픈 후로는 잠들기가 어려웠고 잠이 들어도 중간에 자주 깨거나 새벽까지 잠을 이루지 못하는 때가 많았다. 하지만 감사 실천 후 잠자는 시간이 길어졌으며 숙면도 취하게 되었다. 행여라도 중간에 잠에서 깨면 감사한 일을 생각하는 시간을 갖는다. 그러다 보면 어느새 다시 잠이 들게 된다. 감사가 수면제인 셈이다. 그것도 천연 수면제!

나는 주로 잠들기 전에 감사 일기를 쓴다. 그리고 하루 동안 있었던 감사한 순간들을 영화 필름을 돌리듯 떠올리며 감사의 기도를 드린다. 하루를 잘 살았음에 감사하고, 특별한 사고 없이 하루를 지냈음에 감사하고, 감사한 일이 많았음에 감사하고 만족감을 느끼며 잠에 든다.

감사 실천이
다이어트에 효과 있다

감사는 과식을 방지하는 데도 도움이 된다. 인지과학자이자 음식 섭취 심리 전문가인 수전 퍼스 톰프슨Susan Peirce Thompson 박사는 "감사를 실천하는 것이 과도한 식습관에 저항하려는 개인의 의지력을 강화시켜 준다"고 말했다. 감사하는 사람들은 그들이 먹고 싶지만 지금 먹을 수 없는 요리를 생각하기보다 지금 테이블 위에 있는 음식에 초점을 맞추기 때문에 현재의 음식에 감사하게 된다고 한다. 우리의 뇌가 감사의 힘을 활용함으로써 과식하려는 욕망까지 포기하게 만든다니 놀라운 일이다. 이 연구 보고는 다이어트를 하거나 체중을 조절하려는 사람들에게 희소식일 것이다.

예전에 나는 음식을 먹는 동안에도 다른 생각을 많이 했다. 식사 도중에 업무를 계획하거나 추진 중인 프로젝트들을 떠올리면서 그냥 음식을 먹었다. 그야말로 끼니를 때우는 식이었다. 그렇게 하는 것이 생산적이고 시간을 잘 활용하는 것이라고 생각했다. 그래서 음식 맛을 제대로 즐긴 기억이 그리 많지 않다. 특별히 바쁜 일이 있을 때에는 식사는 부수적인 것이었고 뇌는 식사 시간조차도 바쁘게 일했다.

하지만 아픈 뒤로 감사를 실천하면서 식사 습관도 완전히 바뀌게 되었다. 음식을 먹을 때는 생각하는 것을 멈추고 음식을 바라보면서 눈으로 즐기고, 냄새를 즐기고, 맛을 음미하면서 먹으려고 노력하게 되었다. 그러다 보니 음식에 대한 감사가 절로 나왔다. 채소나 과일을 먹으면서 맛과 향을 온전히 즐기게 되었다. 행복한 식사 시간이 된 것이다. 음식에 대한 감사를 더 하기 위해 채소와 과일과 음식의 영양과 효능을 비롯해 건강에 어떤 유익을 주는지 찾아보게 되었다. 그렇게 되니 감사는 식사를 준비하는 부엌에서부터 시작되었다. 채소를 다듬으며 감사하게 되었고, 양파를 썰 때 매운맛에 눈물이 나도 마늘의 매운 향도 감사하게 되었다. 고추의 매운 냄새와 맛도 감사하게 되었다. 그동안 별로 좋아하지 않았던 채소도 골고루 즐겨 먹게 되었다. 이처럼 식사 준비부터 감사하게 되었으니 그야말로 감사로 풍성한 식탁이 된 것이다.

아플수록
감사해야 할 이유

지금까지 살펴본 것처럼 감사가 건강에 가져오는 유익은 우리가 생각한 것보다 훨씬 많다. 그렇다면 아플수록 감사해야 할 이유가 뚜렷해 졌다. 아프기 때문에 감사할 일을 찾지 않으면 우리 몸 전체가 스트레스 의 영향을 받아 면역력이 약해지고 건강도 나빠지기 때문에 감사의 삶 을 살도록 더욱 노력해야 한다. 다음은 패밀리터치의 스트레스 관리 프 로그램을 통해 감사 일기 쓰기를 배우고 실천한 사람의 이야기다.

오른손 손가락에 양성 골종양이 있어서 과거에 이미 두 번이나 수술을 받 았는데 양성 종양이 다시 재발해서 2019년 같은 부위에 3번째 수술을 받 으면서 스트레스가 시작되었습니다. 3번째 수술이라 그런지 재활 치료도 어려웠고 수술한 지 1년 반이 지났는데도 여전히 통증이 더해지면서 스 트레스가 쌓이고 있었습니다. 2020년에 들어서면서부터 가끔 아프던 턱 관절이 더 자주 아파 오고 여름에 스프린트 장치를 이용한 치료를 시작하 면서 상태는 더 악화되어 음식을 씹을 때마다 턱관절 통증을 느껴야만 했 습니다. 가슴에도 양성 종양이 발견되어 지난 한 해 동안 MRI와 조직 검사 와 정기 검진을 받으러 다니는 일도 스트레스를 가중시켰습니다. 그런데 엎친 데 덮친 격으로 복부 통증을 검사하기 위해 이런저런 검사들이 더해 졌고, 마지막 검사가 대장 내시경 검사였는데 무엇이 잘못되었는지 검사 후 심한 복부 통증으로 3주 동안 일상생활에 어려움을 겪었습니다. 두 달 이 넘도록 복부 불편감을 느끼며 통증으로 인한 스트레스가 극에 달해 있 었습니다.

그러던 중 패밀리터치로부터 스트레스 관리 프로그램 안내 메일을 받게 되었고, 지금 이 순간 나에게 꼭 필요하고 도움이 될 것 같아 수강하게 되었습니다. 이 프로그램은 자신의 감정을 살피는 훈련에서부터 심장 호흡법과 감사 일기를 통해 마음을 챙기며 사는 훈련을 배울 수 있는 좋은 시간이었습니다. 프로그램을 수강하면서 배운 것을 적용하고 생활하다 보니 통증도 스트레스도 줄어들어 전보다 더 평안한 마음으로 지내게 되었습니다. 이 프로그램을 듣는 두 달 간 잠도 더 잘 자게 되었고 상쾌한 아침을 맞이할 수 있었습니다. 앞으로 남은 인생에서도 배운 것을 계속 적용하면서 살기 위해 노력하려고 합니다. 코로나로 인해 모두가 힘든 시간을 보내고 있지만, 이 프로그램을 온라인으로 수강할 수 있게 되어 너무나 감사했습니다.

이처럼 통증과 스트레스도 줄어들고 잠을 잘 자게 되었다니 기쁘고 감사한 일이다. 마지막 종강식엔 처음 참석했던 날과는 비교가 안 될 만큼 밝아진 모습을 볼 수 있었다. 참으로 감사했다. 또한 아프면 감사하지 못할 것 같지만 아픔을 통해 감사를 배웠다는 사람들도 많다. 캘리포니아주립대 데이비스의과대학 내 재활의학과에서 신경 근육에 문제가 생기는 질병으로 고통당하는 300명 이상의 환자들을 대상으로 26페이지 분량의 방대한 설문조사를 실시했다. 이 설문지에 답을 한 200여 명 이상의 환자들은 고통 가운데 있지만 감사의 유익을 알고 실천하는 사람들이었다. 그들을 통해 감사는 객관적인 인간의 상황에 의존하는 것이 아니라 어떠한 상황에도 불구하고 선택하는 것임을 확인하게 되었다.

만약 당신이 중증으로 치료 중에 있거나 건강 상태가 좋지 않다면 감사 일기 쓰기를 시작하기 바란다. 혹은 건강 관리를 좀 더 잘해야겠다는 생각이 든다면 오늘부터 당장 감사한 사람이나 감사한 일들을 생각해 보고 말이나 행동으로 감사를 표현해 보자. 아플수록, 통증이 심할수록, 수면장애로 어려움이 있을수록 감사를 실천해 보자. 그리하여 감사로 건강이 좋아지는 경험을 해 보자.

감사의 걸림돌: 낮은 상호의존성

독불장군처럼 사는 사람이 있다. 자신은 거의 모든 것을 다 할 수 있다고 생각한다. 타인의 도움이 필요하다는 생각을 하지 못한다. 특별히 자수성가한 사람들 중에 그런 사람들이 꽤나 많다. 자신의 성공이나 출세는 모두 자신이 열심히 공부하고 일하고 노력한 결과라고 생각한다. 그러니 감사할 일이나 사람이 별로 없는 것이다. 하지만 우리에게는 약점도 있고, 한계를 가진 존재이기 때문에 누군가의 도움이 반드시 필요한 존재이다. 내가 가진 돈이면 무엇이든 다 할 수 있다고 생각하지만, 그 돈을 받으면서 일하는 사람까지도 고마움의 대상이 되어야한다. 우리의 안전을 지켜주는 경찰, 소방소 대원, 경비원 아저씨, 택시 운전 기사, 우체부 아저씨, 식료품 배달해 주는 사람들 모두 모두 감사한 대상이다. 돈을 지불했으니 당연히 서비스를 해야지 하는 생각보다는, 저 분들 덕분에 우리가 편하게 살 수 있다고 생각하면 감사하기 그지없다.

이처럼 우리가 서로 상호의존적인 존재라는 사실을 알면 훨씬 더 감사할 일이 많아질 것이다. 당신은 어떤가? '나 혼자 거의 모든 것을 다할 수 있다'고 생각하는가? 아니면 '나 혼자는 이 세상을 잘 살 수 없지. 누군가의 도움이 늘 필요해' 라고 생각하며 사는지 확인해 보자.

당신의 타인에 대한 상호의존성 정도는?

0은 타인의 도움이 필요하다. 5는 중간 정도이다. 10은 타인의 도움이 필요 없다. 오른쪽으로 갈수록 타인에 대한 의존성이 약하거나 없다는 뜻이다. 그럴 경우, 감사하기가 어려워진다.

행동하면 커지는 감사:

감사 호흡

하트매스연구소는 스트레스 관리를 위해 심장 호흡을 가장 중요하게 여기며, 심장 호흡 훈련을 집중적으로 한다. '심장 호흡'이란 심장에 집중하면서 복식 호흡을 하는 것이다. 그런데 여러 가지 호흡 방법 중에서 QCTQuick Coherence Techniqve라는 호흡이 있다. 이 방법은 감사를 느끼면서 심장 호흡을 하기 때문에 필자는 이를 감사 호흡이라 부르기로 했다. 감사 호흡의 방법은 다음과 같다.

① 심장에 집중하면서 숨을 들이마시고 내쉬는 상상을 하면서 천천히 깊은 호흡을 한다.
② 5초 정도 숨을 고르게 들이마시고, 5초 정도 숨을 고르게 내쉬도록 한다. 처음에는 자신에게 편안한 속도로 시작한다.

③ 심장 호흡을 하면서 감사를 느끼도록 한다. 왜냐하면 심박 변동율이 일정하고 편하게 지속되도록 하려면 고마운 사람이나 사물, 상황, 아름다운 자연이나 장소를 떠올리면서 마음에 깊은 감사를 느껴야 하기 때문이다.

이처럼 감사를 느끼면서 호흡을 하면 건강과 감정 관리에 최상의 유익을 누릴 수 있다. 감사하는 마음을 느끼면 심신의 에너지가 증가하고 회복탄력성이 증대되며, 인지적으로 유연해질 뿐만 아니라 기억력과 면역 기능이 향상된다. 그뿐 아니라 업무 수행 능력과 문제 해결 능력이 향상되고, 통찰력과 창의력과 행복감이 증진된다. 이처럼 심장에 초점을 맞춘 감사 호흡의 결과는 하트매스연구소의 연구를 통해 충분히 증명되었다. 그리고 나도 지난 3년간 감사 호흡을 하면서 신체적인 건강과 정신적인 건강이 향상된 것을 경험했다. 아침에 일어난 후, 그리고 저녁에 잠들기 전 3~5분 정도 실천해 보자.

특별히 스트레스가 생기거나 기분이 나빠질 때 조용한 곳을 찾아서 2~3분 동안 감사 호흡을 해 보자. 화가 나거나 불안과 두려움이 느껴질 때 혹은 우울하거나 낙심이 될 때 이 같은 감정들을 가장 빨리 중화시켜 평정심을 찾는 방법은 감사 호흡이기 때문이다. 심장에 집중하며 고른 호흡을 하면서 고마운 사람이나 물건, 장소, 사건들을 생각해 보고 그때의 감사를 느끼며 호흡을 하자. 감사한 일이나 사람에 대한 생각뿐 아니라 감사의 느낌이라는 사실을 기억하자.

내 몸을 감사로 채우기

감사 거리를 찾기가 어려울 때 자신의 몸 상태를 관찰해 보면 금방 감사가 가능해진다. 몸을 관찰한다는 말은 자신의 몸속에 각 기관이 기능을 제대로 하고 있는지 살펴보는 것이다. 심장이 제대로 뛰고 있고, 폐와 기관지의 기능이 좋아 편하게 숨을 쉴 수 있으며, 음식을 잘 소화시켜 주는 고마운 위와 장이 있다면 얼마나 감사한 일인가? 발이 건강하여 마음대로 움직이면서 걸을 수 있고 하고 싶은 일을 마음껏 할 수 있는 손이 있다면 얼마나 감사한가?

그뿐만 아니다. 오감의 기능도 관찰해 보자. 무엇이든 볼 수 있는 눈과 들을 수 있는 귀, 만지고 느낄 수 있는 피부 감각과 음식의 맛을 음미하는 혀, 냄새를 맡을 수 있는 코가 기능을 잘하고 있다면 얼마나 감사한가? 코로나 환자들의 증상 가운데 입맛을 잃고 냄새를 맡을 수 없다는 것이 있다. 후각을 통해 자극을 받고 혀끝으로 맛을 느낄 때 음식을 먹고 싶은 생각이 들 텐데 그 두 기능이 제대로 작동하지 않으니 체중이 줄어들 수밖에 없다. 음식의 맛을 즐길 수 없으니 무슨 재미가 있겠는가?

내가 폐암 진단을 받은 후로 병원 가는 일이 익숙한 일상이 되었다. 4~6주 간격으로 병원을 드나들게 되었다. 병원에 가면 주로 현재의 건강 상태를 체크할 때가 있다. 건강 진단지에 답을 하면서 곧바로 감사를 느끼게 된다. 수많은 장기들과 몸의 각 기관이 얼마나 건강한지 그때 비로소 깨닫기 때문이다. 왼쪽 폐를 제외하고는 거의 건강하다는 사실을 다시 확인한다. '아, 난 참 건강한 사람이구나. 내 몸의 장기들이 이렇게 튼튼해서 오늘 여기까지 왔구나.' 이렇게 생각하면 금방 감사로 충만해진다. 그렇게 감사로 충만해지면 의사를 기다리는 일이 몇 시간 지연되어도 불평이 생기지 않는다. 피를 빼는 간호사가 실수해서 두세 번씩 주사 바늘로 혈관을 찔러도 별로 짜증이 나지 않는다. 감사로 내 마음에 여유가 생기고 너그러워졌기 때문이다. 이처럼 감사는 병원에서 받는 이런저런 스트레스로부터 나를 지켜 주는 고마운 파수꾼이다.

당신의 건강 상태는 지금 어떠한가? 건강 염려증에 시달리고 있지 않은가? 혹시 잦은 병치레로 고생하고 있는가? '나는 중증 환자야! 나는 암 환자야! 그런데 감사할 게 뭐가 있겠어?'라고 생각하는가? 그런 생각 대신에 기능을 잘하고 있는 기관들을 생각해 보면 금방 감사가 떠오를 것이다. '눈아, 감사해. 코야, 감사해. 귀야, 감사해. 입아, 감사해. 혀야, 감사해. 삼킬 수 있는 식도와 위야, 감사해. 장아, 감사해. 손아, 감사해. 발아, 감사해….' 이처럼 끝없는 감사를 당신의 몸에 채워 보기 바란다. 그리고 어떤 일이 벌어지는지 살펴 보라.

만약 당신이 건강하다면 현재의 건강을 잘 유지하기 위해 당신의 오감, 오장육부, 온몸이 감사함으로 인해 "감사하다"고 말하자.

감사 근육 키우기: 건강이 선물이다

이번 주엔 자신과 가족의 건강에 대한 감사를 집중적으로 생각하면서 감사 일기를 기록해 보자. 온몸 구석구석 살펴보며 신체의 약한 부분이나 아픈 부분 대신 건강한 부분에 대해 감사하면서 일기를 기록하자.

PART
4

행복한 가정의 비결이
감사에 있다

더불어 감사하라. 장작도 함께 있을 때 더 잘 타는 법이다.
가족끼리 감사를 나누면 30배, 60배, 100배의 결실로 돌아온다.

-찰스 스펄전

　　1938년 하버드대학 '그랜트 연구Grant Study'는 미국인 724명의 삶을 75년간 추적하면서 그들의 일과 가정생활 그리고 건강에 대해 방대한 연구를 했다. 신경정신과 의사이자 하버드성인개발연구소 소장인 로버트 월딩거Robert Waldinger 교수와 그의 연구팀은 행복의 비밀을 알아보기 위해 2년마다 참가자의 직업과 건강, 결혼과 가정생활, 사회적 성취와 친구 관계 등 삶의 전반에 걸쳐 추적 조사를 했다. 뇌 스캔과 피 검사 같은 건강 검진도 함께 진행했다. 이들 중엔 하버드대 학생도 있었고, 보스턴 빈민촌에 사는 소녀들도 있었다. 연구 책임자였던 월딩거 교수는 연구 결과에 대해 다음과 같이 말했다.

　　우리가 75년 동안의 연구를 통해 깨달은 것은, 좋은 인간관계만이 인간을 더 행복하고 건강하게 만든다는 사실입니다. 출신지와 직업과 재산 등은 행복과 직접적인 관련이 없었습니다. 가족이나 친구와 좋은 관계를 맺고 지내는 사람은 그렇지 않은 사람에 비해 더 행복하고 오래 살았지만, 고립된 생활을 한 사람은 자신의 지위나 재정 상태와 관계없이 행복감을 덜 느끼고 건강이나 두뇌 기능이 일찍 감퇴해 단명했습니다.

80세에 도달한 연구 대상 가운데 누가 행복하고 건강한 삶을 사는지, 또 누가 불행한 삶을 사는지 분석했습니다. 그 결과, 30년 이상 함께 어울려 온 좋은 친구들을 둔 사람들이 더 행복하게 사는 것을 확인했습니다. 친구 수가 적더라도 수십 년간 이어지는 친밀한 인간관계가 우울감을 막아주는 완충제 역할을 했다고 봅니다.

이처럼 장기간에 걸친 그랜트 연구를 통해 행복의 비밀 중 으뜸이 되는 것은 '좋은 가족 관계와 인간관계'라는 사실을 알 수 있다.

감사는
부부 관계를 향상시킨다

정신 건강과 웰빙 연구에 큰 기여를 한 알렉스 우드Alex Wood 교수와 함께한 연구팀들은 감사가 인간관계의 질과 깊은 관련이 있음을 연구를 통해 알아냈다. 그들은 감사가 관계를 강화시켜 주고 더 깊은 연대감을 느끼게 하며, 관계 속에서 만족을 느끼게 하는 요소라고 말한다. 뿐만 아니라 감사는 다른 사람을 기꺼이 용서하게 만들고 갈등 해결을 촉진시키며, 서로 돕는 호혜주의를 실천하게 만든다고 주장했다.

이와 같은 맥락에서 심리학자 사라 앨고Sara Algoe도 감사가 관계를 향상시켜 준다고 말한다. 사랑하는 사람과의 친밀감은 파트너가 자신의 바람과 필요에 대해 어떻게 반응해 주는가에 영향을 미치는데, 감사 실천이 파트너의 긍정적인 자질에 초점을 맞추도록 하기 때문에 배우자를 향한 불만과 불평이 줄어들고 감사와 만족감이 증가한다는 것이다. 그와 같은 사실을 뇌과학자들은 이렇게 설명한다. "뇌가 감사를 느낄 때 복내측 전전두엽 부분에서 회백질의 부피가 커지면서 활성화된다. 이런 현상이 뇌에서 일어나면 우리의 공감 능력이 향상되고, 이로 인해 친사회적인 행동과 함께 친밀감과 연대감도 증가시켜 준다." 자, 그럼 부부 관계 속에서 감사가 어떤 역할을 하는지 좀 더 구체적으로 살펴보자.

감사 표현이 곧
사랑 표현이다

감사 연구자인 에먼스 박사와 맥컬러프 박사는 "다른 사람들이 자신에게 받은 혜택에 대해 고맙게 생각하면 사랑받고 보살핌을 받고 있다는 사실을 알게 된다"고 주장했다. 감사하다는 말을 들으면 '아, 내가 사랑받고 있구나'라는 생각이 든다는 것이다.

『5가지 사랑의 언어』(생명의말씀사, 2010)를 통해 세계적으로 위기에 처한 수많은 부부를 위험에서 구해 내고 행복한 부부로 회복시키는 일에 기여한 게리 채프먼Gary Chapman 박사의 주장이 이 사실을 뒷받침해 준다. 그가 말하는 다섯 가지 사랑의 언어란 '인정하는 말'과 '함께하는 시간,' 그리고 '선물'과 '봉사'와 '육체적인 접촉'이다. 즉 사람들은 대부분 사랑을 나타낼 때 5가지 범위에서 표현한다는 것이다. 이 가운데 감사와 관련된 사랑의 언어는 '인정하는 말'이다. 인정하는 말이 자신의 사랑의 언어인 사람은 인정하는 말을 들을 때마다 '아, 저 사람이 나를 좋아하는구나' 또는 '나를 사랑하는구나'라고 생각하게 된다.

인정하는 말 속에는 감사 표현이 단연 중요한 자리를 차지한다. 상대방이 내가 한 일에 대해서 고맙다고 말하면 기분이 좋아질 뿐 아니라 그 말을 사랑 표현으로 이해한다. 반대로 인정하는 말을 듣지 못하면, 즉 상대방이 감사를 표현하지 않으면 '저 사람이 나를 좋아하지 않는구나' 혹은 '나를 사랑하지 않는구나'라고 해석하는 것이다. 그래서 섭섭해지고 마음이 상하게 되고, 심지어 사랑받지 못하고 있다는 생각에 화가 나게 된다.

상담하러 오는 부부나 부부 워크숍에서 만나는 남편과 아내 가운데 이런 불평을 내뱉는 사람들이 꽤 많다. 한 아내의 말이다.

"정말, 이 사람은 지금까지 살아오면서 나한테 '고맙다, 수고했다'는 말 한마디 제대로 한 적이 없어요. 그 말 한 번 하기가 왜 그렇게 어려울까요? 그 말 한 번 들으면 그동안 쌓였던 억울함이 다 풀릴 것 같아요. 아니 그 말 한 번이라도 들으면 죽어도 여한이 없을 것 같아요."

어떤 남편은 이렇게 말한다.

"내가 하는 일에 대해 감사하다는 말 한 번이라도 들어보고 싶네요. '수고했다, 감사하다'는 말 들으면 더 열심히 일할 수 있을 것 같아요."

위의 이야기가 당신을 두고 하는 말 같은가? 그렇다면 당신의 사랑의 언어는 인정하는 말일 가능성이 높다. 혹시 배우자에게 그런 불평을 들은 적이 있는가? 그렇다면 배우자의 사랑의 언어는 인정하는 말일 것이다. 만약 그렇다면 당신은 감사 표현을 정말 열심히 해야 한다. 그에게 있어서 감사의 표현은 곧 사랑의 표현이기 때문이다.

감사는 좋은 부부 관계를 유지시켜 준다

부부 연구에 따르면 서로에게 감사를 자주 표현하면 할수록 서로를 더욱 신뢰하게 되며 서로를 향한 헌신이 깊어지므로 더 좋은 관계를 유지하고, 지속적으로 행복한 관계를 맺게 된다고 한다. 감사를 잘 표현하면 불만과 불평이 줄어들고 만족감이 증가하므로 서로 돕는 일을 기쁨으로 하게 된다. 이처럼 배우자가 감사를 느끼고 표현하는 것은 서로에 대한 사랑을 키워가는 것이다. 이것이 바로 감사의 선순환이자 감사의 경제학이다.

2016년 존 네즐렉John B. Nezlek 박사는 5,000명 이상의 사람들을 대상으로 한 설문조사에서 배우자를 위한 친절한 행동과 서로에게 감사하는 것이 그 어떤 것보다 중요하다는 것을 알게 되었다. 친절한 행동이란 하루를 시작하는 아침이나 하루를 마감하는 저녁에 사랑하는 사람에게 차한 잔을 가져다주는 것과 같은 돌봄의 행동을 말한다. 이런 행동들을 통해 감사의 마음을 지속적으로 유지하거나 강화시킬 수 있기 때문이다.

이와 관련해 조지아대학의 연구에서도 468명의 부부를 대상으로 설문조사를 했는데, 그들이 발견한 핵심 포인트는 파트너의 감사 표현이 부부 관계의 질을 결정하는 가장 일관되고 중요한 요소라는 사실이다. 즉 '배우자가 감사를 표현함으로 자신을 가치 있는 존재로 여겨 주는 것은 결혼 관계를 결속시키고 강화시켜 준다'는 뜻이다. 또한 이 연구는 감사 표현이 배우자를 향한 헌신도를 높여 주므로 어떤 어려움이 찾아와도 함께 극복할 수 있다는 믿음이 생기게 만든다는 사실도 입증했다.

감사는 상대방의 정서 통장에
예금하는 것

사랑하는 배우자가 자신에게 필요한 도움을 주었을 때 그 일을 당연시하지 않고 감사를 표현하는 것은 나중을 위해서 '정서 통장'에 저축해 놓는 것과 같다. 평소에 은행 통장에 저축을 많이 해 놓으면 문제가 생겼을 때도 원만히 해결할 수 있고 비록 해결되지 않더라도 부정적인 앙금이 생기지 않도록 완충 작용을 한다. 감사는 또한 부부가 다툰 후 서로 감정이 상하거나 화가 나고 억울하거나 절망적인 상태가 되지 않도록 관계를 보호해 준다. 왜냐하면 이미 긍정적인 감정이 두 사람 사이에

흐르고 있기 때문이다. 이와 같은 상태를 존 가트맨John Gottman 박사는 '긍정적 밀물 현상'이라고 지칭한다. 긍정적 밀물 현상이란 평소에 긍정적인 감정이 많이 쌓여 있어서 안 좋은 일도 좋은 쪽으로 인식되거나 좋게 보려는 마음이 드는 상태인데, 이를 위해서 평소 크고 작은 일에 감사하는 마음을 표현하는 것이 중요하다고 조언한다.

감사는 위기의 부부를 위한 최고의 처방약이다

행복한 부부들은 감사를 자주 느끼고 표현하지만, 불행한 부부들은 배우자에 대해 감사를 거의 표현하지 않고 느끼지도 않는 것으로 나타났다. 엘리자베스 로빈슨Elizabeth Robinson과 게일 프라이스Gail Price 연구팀은 저녁 시간 동안 부부들 사이에 얼마나 많은 긍정적 행동이 오가는지 관찰해서 기록했고, 부부들에게도 자신이 느낀 긍정적 교감의 횟수를 세어보도록 했다. 그 후 연구팀이 객관적으로 관찰해서 적은 점수와 부부가 적은 점수를 비교해 보았는데, 불행하다고 생각하는 부부들은 그들이 나눈 긍정적 교감의 절반 정도만 인식했다는 것이다. 이게 무슨 뜻인가? 불행한 부부들은 배우자의 잘못에 주목하는 것에 익숙했기에 배우자의 긍정적인 행동의 절반가량을 놓쳤다는 것이다.

이런 사실을 잘 알고 있기 때문에 대부분 부부 상담가들은 위기를 맞은 부부가 서로를 향한 부정적인 감정을 긍정적 감정으로 바꾸기 위해 감사를 표현하도록 가르친다. 가트맨 박사도 배우자를 향해 배려와 존중이 밑바닥까지 추락했다 해도 배우자에게 감사를 표현할 수 있는 자질과 행동을 찾아내는 습관을 길러야 한다고 조언한다. 그때의 감사는 크고 엄청난 행동이 아니라 소박한 일상 속에서 찾으면 된다. 예를 들어, 아침 커피를 끓여 주거나 식사를 챙겨 주는 것에 대해 아내에게 감사를 표현할 수 있다. 또 아내가 좋아하는 간식을 사다 줄 때나 월급봉투를 전해 줄 때 감사하다는 표현을 하면 자신도 모르는 사이에 관계가 조금씩 좋아지고 있음을 감지하게 된다. 이런 감사 표현이 어색할지라도 처음 한두 번의 어색함이 지나고 나면 감사 표현이 자연스러워진다.

2021년 추수감사절을 맞아 목회데이터연구소가 감사에 대한 설문조사를 실시하고, 이에 대한 분석 결과를 발표했다. 설문조사에 참가한 1,000명 중에서 감사를 자주 표현한다고 답한 사람은 20퍼센트였다. 나머지 80퍼센트는 감사를 잘 표현하지 못한다고 답했다. 그들이 감사를 잘 표현하지 못하는 세 가지 이유는 첫째로 어색해서 감사를 잘 표현하지 못한다, 둘째로 감사를 어떻게 표현해야 할지 모른다, 그리고 셋째로 감사를 표현하지 않아도 상대방이 잘 알 것이라 생각되어 감사를 표현하지 않는다는 것이다. 이 설문조사를 통해 감사 표현하는 법을 잘 배워야 한다는 사실과 감사를 실천해서 자연스러운 습관이 되도록 해야 한다는 중요한 사실을 발견할 수 있었다. 당신은 어떤가? 배우자에게 감사를 잘 표현하고 있는가?

나도 부부 상담 시간의 서두에는 거의 예외 없이 지나간 한 주간을 돌아보며 서로에게 감사했던 일 한두 가지 정도 생각해 보고 배우자에게 서로 감사를 표현하도록 한다. 일반적으로 갈등이 고조되고 사이가 나빠진 부부들은 상담 시간에 분위기가 무겁고 딱딱하게 경직되어 있기 마련이다. 하지만 처음에 감사했던 일을 서로 나누게 되면 그들 사이에 서서히 긴장이 풀리고 상담에 능동적으로 임하게 된다. 부부 관계를 과학적이고 체계적으로 40년 이상 연구한 가트맨 박사는 부부 사이에 주고받는 대화 중에 이혼으로 가는 징조들 – 불평과 방어, 모욕과 무시, 담 쌓기 – 이 부부 관계를 파국으로 몰고 간다고 주장한다. 그런데 파국으로 가는 관계를 회복하기 원한다면 부부가 서로의 긍정성을 찾아서 표현하고 작은 것에 감사하도록 노력해야 한다.

결론적으로 사이가 좋은 부부들이 서로에게 감사를 표현하면 더 좋은 부부 관계가 된다. 또 비록 사이가 나빠진 부부라 할지라도 감사 표현을 시도하면 전보다 좋은 관계로 변화될 수 있기 때문에 부부의 현재 상태가 어떠하든 감사를 서로에게 표현하는 일은 부부 관계에서 무엇보다 중요하다는 사실을 꼭 기억하자.

감사하는 자녀로
키우라

어린 C세대

인구통계학자들이나 세대의 특징을 연구하는 사회학자들은 '세대

generation'라는 말의 뜻을 같은 시기에 태어난 인구집단으로 인격 형성기에 비슷한 인생 경험을 공유하면서 유사한 태도나 가치 혹은 행동 양식을 갖게 되는 것이라고 정의한다. 학자들은 각 세대가 경험하는 공통의 사회적 현상이나 문화 혹은 재난 등 그 세대가 공유하는 특징들을 고려해서 각 세대의 이름을 붙인다. 지금까지 이름이 붙여진 세대는 M세대와 Z세대다. 그 후에 태어난 세대의 이름은 아직 결정되지 않았다. 그런데 코로나19가 시작된 지 얼마 안 되어 세대를 연구하는 사회학자들이나 각 분야 전문가들은 코비드를 경험한 사람들의 특징을 열거하면서 '코비드 세대'라는 말을 쓰기 시작했다. 미국 뱅크오브아메리카Bank of America의 글로벌 연구 책임자인 하임 이즈리얼Haim Israel은 2016~2030년 중반에 태어날 아이들은 코로나로 인해 완전히 다른 세상을 살게 되었다는 측면에서 이들은 C세대가 될 것이라고 예측했다.

2016년 후에 태어난 아이들은 코로나로 인해 그 이전 세대 어린이들이 일반적으로 경험했던 것들을 경험하지 못하고 전혀 새로운 경험을 하게 되었다. 자기 인생에서 제일 중요한 생일 파티에 친구들을 초대할 수 없었고, 친구들과의 만남은 극히 제한적이거나 휴교나 비대면 교육으로 집에서 인생의 첫 공부를 시작하는 특수한 경험을 하게 되었다. 여행이나 가족 방문도 어려워졌고 친구들과 어울려 놀면서 한창 사회성을 발달시켜야 할 중요한 시기에 사회와의 고립과 단절을 경험함으로 사회성 발달에 어려움을 겪게 되었다.

그런 환경 탓에 6세 이하의 아이들은 다른 어떤 세대보다 훨씬 더 열

악한 시절을 보내고 있기 때문에 이 세대를 C세대로 불러야 한다는 것이다. 이런 면을 염두에 둔 정신 건강 전문의들은 7~9세까지의 어린이들이 코로나 사태 동안 정신 건강 면에서 가장 취약한 그룹이라고 말한다. 유니세프에서 후천성 면역 질환과 건강 담당인 제니퍼 레케호 Jennifer Requejo 여사는 "아이의 인생에서 가장 중요한 시기는 생후 3년이기 때문에 코로나 대응책 중에 이 아이들의 정신 건강 문제는 빠뜨릴 수 없는 중요한 사안으로 다루어야 한다"고 주장하기도 했다.

미국 소아과협회장인 리 사비오 비어즈 Lee Savio Beers 박사는 코로나가 가져온 공공 보건 응급 상황이 어린이와 청소년들에게는 정신 건강에 큰 위기가 되었다고 경고했다. 그렇다면 코로나가 가져온 자녀들의 정신 건강 문제를 어떻게 해소시킬 수 있을까? 필자는 감사 일기 쓰기와 가족이 함께 모여 감사를 나누는 것이 큰 도움이 된다고 생각한다.

이 사실을 확신하기에 패밀리터치에서는 부모와 자녀의 정신 건강 문제를 돕고자 팬데믹이 시작된 2020년 3월부터 온라인으로 6주 동안 가족 캠프를 실시했다. 가족 캠프 프로그램 중에는 가족 간의 대화 기술을 함께 배우고, 배운 기술로 실습하는 시간을 가졌다. 그리고 온 가족이 함께 매일 3가지 이상 감사한 일 쓰기와 일주일에 한 번씩 갖는 주간 가족회의를 통해 서로 감사를 나누는 것을 과제로 주었다. 그런데 부모들보다 자녀들이 감사 일기 쓰기와 감사한 일 나누기를 훨씬 더 좋아한다. 이 일을 통해 자신이 중요한 존재이며, 사랑받고 인정받고 있다는 사실을 확인하기 때문이다. 실제로 가족 캠프에 참여했던 가정들은 이구동

성으로 감사 일기를 쓰고 나누면서 가족 간에 관계가 훨씬 더 부드러워
지고 집안 분위기가 좋아졌다고 이야기한다.

감사하지 않는 십대

2017년 미시건주립대학교의 윌리엄 초픽William J. Chopik 박사가 이끈
연구팀은 15세부터 90세에 해당하는 31,206명을 대상으로 감사와 나이
의 상관관계를 조사했다. 이 조사를 통해 감사와 나이 사이에 긍정적인
관계가 있음을 확인했다. 지속적으로 감사를 표현한다고 답한 경우는
노인층이 가장 높았고, 그 다음으로 중년과 젊은 성인, 마지막은 청소년
이었다. 청소년이 가장 감사하지 않는다는 것이다. 더욱 심각한 것은 감
사를 표현한다고 답한 젊은이들 가운데 3분의 1 정도는 감사 표현을 개
인적인 이익을 위해 사용하고 있다는 점이다. 즉 상대방이 자신에게 더
잘해 주기를 바라는 이기적인 마음으로 고마움을 표현한다는 것이다.
감사를 자신의 목적 달성을 위한 수단으로 사용하는 것과 같다.

그렇다면 십대 청소년들은 왜 감사하기 어려울까?

십대 청소년들이 감사하기 어려운 첫 번째 이유는 그들의 두뇌 발달
상태와 화학 반응에서 찾을 수 있다. 신경과학적으로 보면 두뇌의 각 영
역은 각기 다른 속도로 발달한다. 추론과 실행 제어를 담당하는 전두엽
피질은 다른 영역에 비해 늦게 발달한다. 그런데 청소년기에는 지적 영
역이나 감정적인 영역의 뇌가 충분히 발달하지 않아서 감정과 생각의
기능이 균형 있게 작동하지 못한다. 그런 이유 때문에 청소년들은 감사

에 대해 충분히 생각하지 못하며, 감사의 감정도 어른처럼 느끼지 못하는 것이다.

감사하기 어려운 두 번째 이유는 십대들의 독립성 발달을 들 수 있다. 크리스틴 카터Christine Carter 박사는 "십대들은 자신이 다른 누군가의 삶에 저당 잡힌다는 느낌을 싫어한다. 부모가 통제를 많이 하고 자녀의 삶의 초점을 부나 성공이나 대학에 맞출수록 자신이 어떤 사람이고 무엇을 원하는지 점점 더 파악하기 어려워진다. 젊은이들은 부모의 도움에 대해 고마워하지만, 그보다 자기 삶을 자신의 힘으로 세워가지 못한다는 사실에 대해서 유감스러워한다"고 말한다. 즉 부모를 자기의 독립을 방해하는 존재로 여긴다. 그러니 부모에게 감사하기가 어려운 것이다.

세 번째 이유로는 십대들의 권리의식을 들 수 있다. 예일대학교 심리학과 교수 애로 던햄Yarrow Dunham 박사에 따르면 십대들은 감사와 상반되는 권리의식을 가지고 있다고 한다. 부모나 사회나 이 세상은 모두 자신이 원하는 것을 마땅히 제공해 주어야 한다고 생각하기 때문에 부모의 도움을 고맙게 여기지 않고 부모로서 해야 할 의무를 다하는 것이라고 생각한다. 이러한 사고방식에서 감사하는 태도가 나올 리 없다.

이제 십대 자녀가 감사하지 못하는 이유를 알게 되었으니 성장기의 진통을 겪고 있는 그들을 이해하고 인내심을 갖고 감사 실천을 지속적으로 돕는 것이 부모의 중요한 역할임을 기억하기 바란다.

감사는
자녀에게 유익하다

2008년 「학교 심리학 저널Journal of school psychology」에 실린 감사 연구는 221명의 6학년과 7학년 학생들을 대상으로 이루어졌다. 그들 중 한 그룹에게는 이 주 동안 매일 감사한 일 다섯 가지를 작성하도록 했고, 다른 한 그룹은 매일 다섯 가지의 귀찮은 일을 기록하도록 했다. 3주 후 매일 다섯 가지의 감사한 일을 기록한 그룹의 학생들과 다섯 가지 귀찮은 일을 나열한 그룹 학생들을 비교해 보았다. 감사한 일을 작성했던 그룹의 학생들은 그렇지 않은 학생들에 비해서 학교에 대해 더 긍정적인 태도를 보였고, 학교생활에서도 더 높은 만족도를 보였다. 이처럼 짧은 3주 동안 매일 감사 제목을 쓰는 일이 학생들에게 긍정적인 영향을 가져온다는 사실을 알고 학생들에게 감사를 가르치고 실천하는 일을 권하는 학교들이 증가하고 있다. 참으로 고무적인 일이 아닐 수 없다.

또 다른 연구에서는 뉴욕시 외곽의 1,035명의 고등학생을 대상으로 조사를 했다. 2010년 「행복 연구 저널Journal of Happiness Studies」에 발표된 이 연구는 자연의 아름다움과 다른 사람들에 대해 높은 수준의 감사를 표현하는 학생들이 더 높은 성적을 받고 우울감이 낮았으며, 부러움이나 질투의 감정도 낮았다고 보고했다. 뿐만 아니라 감사를 덜 하는 십대보다 삶에 대해 긍정적인 견해를 가지고 있다고 했다.

그와 달리 호프스트라대학교Hofstra University 심리학 교수인 제프리 프로 Jeffrey Froh 박사의 연구에서는 "성공과 만족감을 얻으려고 물건을 구입하고 소유하는 것을 중요하게 여기는 십대들은 낮은 학교 성적, 많은 우울증과 보다 부정적인 견해를 가지고 있다"고 보고했다. 그의 연구를 통해 물질 우선주의 성향을 가진 십대들은 감사를 실천하는 학생들과 정반대의 결과가 나온다는 것을 확인하게 되었다.

자녀에게
감사 습관을 길러 주라

노스캐롤라이나대학교 심리학 교수인 윌리엄 로텐버그 William Rotenberg 박사와 앤드리아 후송 Andrea Hussong 박사가 이끄는 연구팀은 감사를 잘하는 부모들은 자녀에게 감사의 습관을 길러 주기 위해 노력한다는 사실을 알아냈다. 게다가 자녀들이 감사를 증진시킬 수 있는 활동에 참여하도록 격려하고 인도하여 자녀도 부모처럼 감사를 실천하도록 돕는다는 것이다. 정리하면 부모가 자녀에게 감사 습관을 길러 주기 위해 의도적인 노력과 실천이 필요하다는 말이다. 왜냐하면 감사는 유전적으로 타고난 것이라기보다 후천적인 훈련을 통해 개발되는 것이기 때문이다.

감사가 우리 자녀들에게 주는 유익은 너무나 많다. 감사 실천을 통해 자녀들이 감사의 유익을 온전히 누리므로 더욱 더 행복하고 건강한 삶을 살 수 있게 될 것이다. 무엇보다 감사의 유산을 남기게 되면 자녀의 평생에 커다란 자산이 될 것이다. 그러므로 감사 습관을 길러 주기 위해 다음의 세 가지를 기억하자.

감사의 삶을 모범으로 보여 주라

에먼스 박사는 오래된 속담 가운데 "미덕이란 말로 가르쳐지지 않고 삶 속에서 자연스럽게 체득된다Virtues are caught, not taught"는 말이 여기에 해당된다고 말한다. 부모는 자녀의 감사 근육을 키워 주기 위해 감사 행동을 모델링해야 한다. 에먼스 박사는 또 부모가 자녀에게 자신이 갖고 있지 않은 것을 줄 수 없다고 강조한다. 우리가 먼저 실천하지 않는다면 자녀들에게 감사를 가르치기 어렵다는 말이다.

이처럼 감사 연구자들은 자녀에게 감사를 가르치기 위해 부모가 할 수 있는 가장 중요한 일은 아이들에게 직접 감사를 표현하므로 모델을 보여 주는 것이라고 조언한다. 자녀에게 감사하다는 말을 직접 해 주고, 감사 카드나 쪽지를 써서 전해 주며, 작은 선물을 주거나 아이들이 잘한 감사 실천에 대해 부모도 보답하려는 행동을 보여 주므로 자녀들에게 감사하는 법을 가르칠 수 있다고 한다. 그렇게 되면 자녀들이 인생에서 마주하는 좋은 것들에 대해 더 많이 감사하게 되고, 아이들이 받은 복이 얼마나 풍성한지, 그리고 감사하는 것이 얼마나 소중한 태도인지 배우게 될 것이다. 이처럼 부모가 의도적으로 감사하는 삶을 모범으로 보이는 것은 자녀들로 하여금 감사 습관을 개발하도록 돕는 가장 좋은 방법이다.

대의과학센터에서 자녀 교육 프로그램 디렉터를 맡고 있는 마리암

압둘라Maryam Abdullah 박사는 부모와 자식 관계와 아동의 친사회적 행동 발달을 전문적으로 연구하는 발달심리학자다. 그녀는 자녀에게 감사 근육을 키워 주기 위한 방법을 다음과 같이 소개하고 있다.

감사 근육을 키워 주라

- 자녀로 하여금 자신의 감정과 다른 사람의 감정을 이해하도록 도우라.
- 성인이 된 자녀에게는 그들을 위해 자녀의 삶 가운데 늘 함께 있었다는 사실을 상기시켜 주라.
- 감사할 일이 넘치는 활동이나 프로그램에 참석하도록 격려하라.
- 자녀가 성장해 감에 따라 감사 습관이나 실력이 향상될 것을 기대하라. 자녀가 잘 따라오지 못하더라도 낙심하지 말고 인내하며 지속적으로 격려하라.

자녀와 함께 감사 일기를 쓰고 나누라

- 자녀에게 나이에 어울리는 감사 일기장을 선물해 주라.
- 감사의 가치와 유익에 대해 자녀와 대화를 나누라.
- 한 번에 한 가지씩 감사에 대해 가르치며, 감사한 일이 무엇인지 생각해 보고 그때의 감정이 어떠했는지 함께 나누라.
- 감사 일기를 쓸 때 좋은 점은 무엇이고, 힘든 점은 무엇인지 함께 이야기해 보라.

- 가족이 함께 모이는 식사 중이나 잠들기 전에 그날의 감사를 나누도록 하라.
- 감사를 향상시키는 것은 일방적인 게 아니라 상호 작용임을 기억하고 부모와 자녀가 번갈아 가며 감사를 표현하여 서로가 더욱 감사하도록 영향력을 주고받으라.

자녀들은 이처럼 감사를 가르치기 위해 구체적으로 노력하는 부모를 통해 자신이 받은 부모의 사랑과 헌신, 친절과 배려를 당연한 것으로 여기지 않을 것이다. 부모는 자녀의 필요를 채우는 것이 마땅한 의무라고 생각하면서 감사하지 못하는 밀레니얼 세대와 Z세대 그리고 자라나는 C세대가 감사하는 세대로 변화될 것을 기대하며 몸으로 가르쳐야 한다. 또 감사 실천을 적극 장려하여 자녀들이 정신적 · 정서적 · 사회적으로 보다 성숙한 사람으로 성장해 가고, 더 많은 유익을 누리도록 도와야 할 것이다. 감사 실천이 이 세상을 더욱 아름답게 만드는 미덕으로 발전해 가도록 돕는 프로그램들이 정부와 학교와 사회 봉사 기관 그리고 가정에서 실천되기를 설레는 마음으로 기대해 본다.

감사의 걸림돌: 억압된 감정

자신의 감정을 인식하거나 표현하는 데 어려움을 겪는 사람들이 있다. 슬픔의 감정이나 기쁨의 감정도 잘 느끼지 못한다. 이런 사람들은 대부분 성장 과정 중에 심리적·감정적으로 큰 상처를 경험한 뒤에 이런 감정을 느끼는 것이 고통스러워 꾹꾹 속으로 눌러 놓는다. 이처럼 감정을 억압하거나 고통스런 감정을 피해 다른 것으로 관심을 돌리는 행동이 고착되면 삶 속에서 경험하는 감정들을 제대로 표현하지 못하게 된다. 그런 경우에는 감사를 느끼거나 표현하기도 힘들어진다.

또 어릴 적부터 힘든 감정을 자연스럽게 표현하지 못하는 가족 분위기 속에서 성장한 경우도 있다. 특히 유교 문화권에서 살았던 우리 부모들은 감정을 표현하지 않는 것을 미덕으로 여기며 억제해 왔다. 만약 그런 분위기에서 자랐다면 감정 표현은 정말 쑥스럽고 어색할 것이다. 당신은 어떤 가정에서 자랐는가? 어떤 감정이든 건강하게 표현하는 가정에서 자랐는지, 감정 표현이 거의 없는 가정에서 자랐는지 생각해 보자. 그리고 조금씩 감정 표현을 시작해 보자. 특별히 감사 표현부터 시작해 보자. 다음 그래프에서 나의 감정 억압 점수는 얼마인지 점검해 보자.

0은 나는 감정 표현을 아주 잘한다. 5는 중간 정도다. 10은 감정 표현이 매우 어렵다. 5를 중심으로 왼쪽은 감사 표현을 잘하는 편이며 5을 넘어서 오른쪽으로 갈수록 감정 표현이 약하거나 어렵다는 뜻이다.

행동하면 커지는 감사: 가족에게 감사 표현하기

감사 연구를 진행하던 어느 날 남편에게 한 가지 제안을 했다. 식사가 거의 끝날 무렵 그날 있었던 일 중에서 감사한 일 세 가지를 생각해 보고 거기에 대해 서로 이야기를 나누자고 했다. 내 이야기를 듣던 남편은 약간 곤란한 표정을 지으면서 처음부터 매일 세 가지 감사 거리를 찾는 건 어려울 것 같다고 했다. 나는 3가지 감사가 너무 힘들면 2가지로 줄일 수도 있지만, 일단은 3가지 감사를 나누자고 제안했다. 이 시간에는 자신이 경험한 감사도 나누지만, 서로에게 감사한 일도 나누었다.

이렇게 시작된 감사의 나눔은 매일 계속되었고, 1년 정도 지난 어느 날 남편이 이런 말을 했다.

"여보, 우리가 매일 감사를 나눈 후 내 삶이 정말 풍성해졌어요."

무슨 뜻인지 알고 싶어서 내가 물었다.

"어떻게 풍성해졌는지 구체적으로 이야기해 주면 좋겠어요."

"마음이 훨씬 편해지고 여유가 생겼을 뿐 아니라 하는 일도 순조롭게 잘 풀리는 것 같네요. 또 매일 일상을 함께 나누면서 당신에 대해 잘 알게 되었고, 그래서 우리 사이가 전보다 더 가까워진 느낌이에요. 감사 나눔으로 인해 우리 사랑은 더욱 깊어졌고, 그래서 더 행복해졌어요.”

자신이 경험한 감사 나눔의 유익을 이렇게 잘 설명해 주는 남편이 한없이 고마웠다. 나의 제안을 선뜻 받아들이고 감사 나눔을 위해 노력하는 남편으로 인해 행복한 시간이었다. 그 후로 남편은 자신이 근무하는 신생아 중환자실에서 동료 의료진들에게도 진심 어린 감사를 표현하는 사람이 되었다. 그게 다가 아니었다. 감사가 신체와 정신에 미치는 영향력에 대해 깊이 이해하고 감사가 의료 분야에서는 어떤 역할을 하는지에 대한 연구 논문을 나와 함께 나누는 정도가 되었다.

남편은 미국소아과협회에 따르면 아리에 리스킨Arieh Riskin 박사의 “감사 표현과 의료팀들의 실적”이라는 논문에서 신생아 중환자 엄마가 의료진들에게 감사를 하고, 의료팀들이 서로 감사를 표현할 때 치료 성적이 크게 증가한다는 연구 결과를 발견했다. 그래서 자신이 속한 의료팀에서 어떻게 감사 문화를 창출할 것인지 방법을 모색하고 있다. 또 「영국의학저널Britsh Medical Journal」에 실린 마리아 아파리시오Maria Aparicio 박사의 논문 가운데 “환자나 가족들이 감사를 표현하는 것이 의료진들의 번아웃탈진이나 정신적인 고통을 감소시키고 회복력을 증가시킨다”는 연구 결과도 내게 들려주었다. 이렇게 그는 나의 감사 나눔 팀이자 다른 사람에게 감사를 전하는 팀이요, 감사 연구를 함께하는 팀이 되었다. 우리 부부에게 감사가 준 선물이었다.

사실 남편이 이 논문을 보내 주기 전부터 나를 치료하는 폐암 전문의 마크 스투플러Mark Stoopler 박사에게 늘 감사 표현을 아끼지 않았다. 그를 방문할 때마다 "특별한 보살핌과 치료에 감사하다"라는 말을 한다. 또 그에게 늘 "당신을 100퍼센트 신뢰한다"라고 말한다. 지난 크리스마스엔 작은 선물과 함께 감사 카드도 전했다. 그는 나를 잘 치료하기 위해 정말로 최선을 다하는 의사다. 그를 만난 것이 내게는 참으로 큰 축복이다. 이렇게 늘 긍정적이고 감사하는 나에게 스투플러 박사는 "모든 환자들이 당신과 같았으면 좋겠다"라며 주름진 얼굴로 미소를 지었다.

자녀들이 집에 와도 우리 부부의 감사 나눔은 계속된다. 남편과 내가 먼저 감사를 나누면 자녀들도 어려움 없이 감사한 일들을 이야기한다.

"집에 와서 엄마가 만든 집밥을 먹을 수 있어서 감사해요. 집에 와서 푹 쉬면서 가족들과 함께 시간을 보낼 수 있어서 감사해요. 날씨가 좋아서 맑은 공기 마시며 산책할 수 있어서 감사해요."

두 사람이 감사한 일들을 나누면 여섯 가지가 되는데, 네 사람이 감사를 나누자 열두 가지의 감사 제목이 나왔다. 감사하다는 말을 열두 번이나 들으면서 행복해진 귀와 마음, 가족이 더해질수록 감사가 두 배, 세 배가 된다는 생각에 기분이 정말 좋아진다.

우리의 감사 나눔은 거기서 끝나지 않는다. 행여나 집에 손님이 와도 매일의 의식인 '감사 나눔'은 계속된다. 식사가 끝나 갈 무렵 손님에게 우리 가족은 식사 후에 감사한 일 세 가지씩 나눈다고 설명하면서 "저희가 먼저 시작할 테니 오늘 하루 중 감사한 일이 있거든 나누어 주시면 좋고, 그렇지 않아도 괜찮으니 부담 갖지 마세요"라는 말씀을 드린 후 우리 부부가 먼저 감사를 시작한다. 그러면 대부분 손님들도 감사 나누기에 동참한다. 처음엔 어색한 것 같았지만, 감사를 나누면서 서로의 얼굴에 미소가 번지고 화기애애한 분위기가 된다. 친근함이 느껴진다. 손님들이 식탁에서의 감사 나눔이 너무 좋다며 자신들도 집에 가면 가족과 함께 감사 나눔을 해야겠다고 다짐한다. 우리 부부의 감사가 손님들에게까지 전해지는 것을 보면서 더 큰 감사를 하게 된다. 자 이제 당신 차례다. 아래 가이드에 따라 가족들과 함께 감사를 나누어 보자.

가족들의 감사 나눔 가이드

배우자에게 감사 표현하기

- 배우자의 문제점보다는 장점이나 긍정적인 면을 찾아보자.
- 배우자가 자신이나 가족을 위해 애쓰는 노력을 당연한 것으로 여기지 말고 감사하다고 구체적으로 말하자.
- 하루에 적어도 한 번 감사하다고 말할 이유를 생각해 보고 배우자에게 왜 고마운지 구체적으로 말하자.
- 저녁 식사 후나 잠들기 전에 부부가 감사 나눔 시간을 가져 보자.

자녀에게 감사 표현하기

- 자녀들의 마음에 드는 말이나 행동이 무엇인지 잘 관찰해 보자.
- 자녀들이 부모에게 혹은 가족들에게 베푼 친절한 행동과 배려, 집안 일을 거들거나 다른 사람을 도와준 일, 혼자서 스스로 알아서 잘하는

일이 무엇인지 생각해 보자.

- 자녀를 향한 감사를 가슴으로 느껴보자.
- 감사한 일이나 행동을 말로 구체적인 칭찬과 함께 감사를 표현해 보자.
- 자녀에게 감사 카드나 감사 문자를 보내자.
- 일주일에 한 번씩 자녀들과 함께 감사 나눔의 시간을 가져 보자.

부모님께 감사 표현하기

- 2021년 11월에 시행된 목회데이터연구소의 조사에 따르면 가족 중 '자녀'에 대한 감사가 가장 크고, '부모'에 대한 감사가 가장 낮은 것으로 나타났다. 충격적인 응답이지만 자녀 중심으로 살아가는 우리의 현실이 그러함을 인정하면서 우리의 오늘이 있게 만든 부모님을 향한 사랑을 감사로 자주 표현하도록 하자.
- 전화할 때 감사 표현, 문자로 감사 표현, 만나서 말로 하는 감사 표현, 포옹으로 감사 표현, 감사 편지로 감사 표현, 맛있는 음식 대접하며 감사 표현, 용돈이나 선물로 감사 표현 등 꼭 기억하며 실천하자.

감사 근육 키우기: 가족이 선물이다

이번 주엔 가족에 대한 감사를 집중적으로 생각하고, 그들에 대한 감사를 마음으로 느끼면서 감사 일기에 쓰도록 하자. 배우자, 자녀, 부모, 형제와 자매, 조부모나 손자녀, 친척들에 대해 감사한 점들을 찾아보자. 혹시 가족으로 인해 아픈 상처가 있다 해도 그들에 대해 아주 작은 감사 거리라도 기억을 더듬으면서 생각해 보자.

PART
⑤

감사가
회복탄력성을 향상시킨다

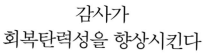

감사는 최고의 항암제요, 해독제요, 방부제다.

　　　　　　　　　　　　　　　　　　　　　　　－존 헨리 조웨트(John Henry Jowett)

　'수퍼루키[superookie.com]' 웹사이트에서 "신의 직장은 없다. 스트레스 없는 회사는 이 세상에 없다"라는 제목이 눈에 띄어 읽게 된 글이다. 고등학교 절친 세 명이 모여 '스트레스와의 전쟁'이라는 주제로 대화를 나누는데, 그들의 한마디 한마디가 공감되어 웃다가 그만 울컥한 기분까지 들었다.

문 기자(중앙 일간지 기자)　나는 90년대 중반부터 기자 생활을 했잖아? 너희들도 알다시피 그때에는 기자 되기가 정말 힘들었거든. 기자가 되기 위해 입사 시험을 재수, 삼수하는 선배들도 있었고, 심지어 '언론고시'라는 말까지 유행했잖아? 나는 어찌어찌해서 운 좋게 기자가 되긴 됐는데, 문제는 그다음부터인 거야. 스트레스가 정말 말도 안 되게 심해.

여기에는 하루하루가 피비린내 나는 전쟁터야. 전쟁터! 기사 마감 후 저녁 시간이 되면 다음 날 기사를 볼 수 있거든. 그때 부서원들이 같이 모여서 자기가 쓴 기사와 경쟁사 기사를 비교해 보는데, 이때 정말 입이 바싹바싹 말라. 경쟁사에서 단독 보도한 특종이 있는지, 내가 놓친 사건 사고는 없는지, 기사는 누가 더 잘 썼는지 바로 비교가 되거든. 이건 정말 매일 승패가 결정되는 전장이나 다름없어. 나는 이렇게 생각해. 기자처럼만 일하면야 무슨 일인들 못하랴?

고 이사(컨설팅 기업 매니저): 문 기자 고생 많네. 그런데 그거 알아? 컨설팅 회사도 만만치 않아. 기자 이상이면 이상이지, 덜하지는 않을 걸? 먼저 업무 강도가 말도 안 되게 심해. 내가 주니어 시절에는 48시간 죽치고 앉아서 스프레이시트 모델링을 한 적도 있어. 밥 먹는 시간만 빼고 말이야. 여기서는 피로 누적으로 코피 쏟는 건 다반사야. 동료 중에는 걸어가다가 갑자기 졸도한 친구도 있어. 달팽이관이 손상된 친구도 있고, 수면 부족으로 일하다 말고 심장 압박을 느껴 병원에 실려 간 선배도 있어.

일도 엄청 힘들어. 기자들은 그래도 모르면 물어볼 사람이라도 있지. 컨설턴트는 혼자 다 만들어야 해. 우리 회사에도 기자하다가 컨설턴트로 전향한 친구가 있거든. 그 친구 말이 예전 기자 시절에는 인터넷 이용률에 관한 기사를 쓰면서 '누가 이런 걸 조사하나?' 궁금해했는데, 이제 안대. 그걸 바로 컨설턴트들이 한대.

컨설턴트들이 많이 쓰는 말이 뭔지 알아? "맨땅에 헤딩하기"랑 "때려먹는다"야. 우리 대부분의 일이 맨땅에 헤딩하기야. 그리고 스트레스를 엄청 받잖아? 그럼 막 때려먹어. 스트레스 풀려고. 그럼 얼마 안가서 개구리가 돼. 팔다리 가늘고 배 불뚝 나오고…. 나는 정말 그렇게 생각해. 컨설턴트처럼만 일하면 무슨 일인들 못하랴?

노 부장(국내 대기업 부장): 야, 말도 마! 대기업도 만만치 않아! 여기는 깨지는 게 다반사야. 딱히 내 잘못이 아닌데도 그냥 깨져. 뭐 이런 식이야. 사장님이 걸어 오셔. 그런데 마침 내가 눈에 띈 거야. 그러면 갑자기 나한테 막 화를 내셔. "어느 부서에서 이따위로 했어?"라고. 소리를 제거하고 문장만 읽어 보면 분명히 질문을 하신 건데, 시선은 나를 노려보고 있고 사운드는 나한테 샤우팅을 하고 계신 거야. 이러면 정말 난감해.

맨 처음 이런 일을 겪었을 때는 너무 당황해서 그냥 이렇게 대답했어. "예, 사장님. 그것은 어느 부서에서 한 일입니다." 그랬더니 이번에는 데시벨을 한 단계 더 높여서 헤비메탈 샤우팅을 하시는 거야. "자네는 그것을 알고도 이 지경이 될 때까지 뭐 했나? 누가 일을 그따위로 처리하래!"

근데 사실 나는 그 부서에서 그렇게 일을 한 다음에 알았지. 그 부서가 그 일을 할 때는 몰랐거든. 그걸 내가 어떻게 알아? 하지만 나도 눈치는 있잖아? 그래서 그렇게 답변하지는 않았지. 어떻게 말씀드려야 할지 고민하고 있는데, 옆의 팀 팀장이 잽싸게 대신 답변을 하는 거야. "사장님, 죄송합니다. 앞으로는 그런 일이 없도록 단단히 주의를 주겠습니다"라고. '아, 그게 정답이었는데, 왜 난 그 말을 못했지?' 하고 계속 후회가 되더라고. 우리 회사 사람들은 농담으로 이런 얘기도 해. "우리 월급에는 욕먹는 값도 포함되어 있다"라고.

또 하루는 사장님이 나를 부르셔. 그러면서 정말 무리한 지시를 하시는 거야. 그래서 솔직하게 말씀드렸지. "사장님, 그건 공정거래법에 정확히 위배되는 행동이라서 실행이 어렵습니다." 그랬더니 사장님이 뭐라고 하셨는지 알아? "그럼 그 법을 바꿔야지! 내가 과장일 때는 공무원 만나서 법도 바꿨어. 자네는 항상 그렇게 소극적으로 일을 하나?" 정말 드릴 말씀이 없더라. 나는 어떻게 생각하는 줄 알아? 대기업 간부처럼만 처신하면 무슨 일이든 못하랴?

이렇게 세 친구의 입담은 계속됐고, 결국 '스트레스 없는 직장은 없다'고 결론지으면서 '신의 직장에도 신들만의 스트레스가 있다'고 하면서 끝을 냈다. 그런데 직장에만 스트레스가 있는 것이 아니다. 아무리 직장 생활에 스트레스가 많다고 해도 직장을 구하지 못해서 힘들어하는 젊은이들의 스트레스만 하랴? 어디 그뿐이겠는가? 엄마들의 육아 스트레스가 얼마나 큰지 짐작할 수 있겠는가? 그럼 자녀의 대학 입시를 준비하는 엄마들은 또 어떤가? 그들은 자녀와 함께 이중으로 스트레스를 받고 있으니 그야말로 스트레스 전쟁 중 최고의 전쟁을 치르는 중이다. 이들이 받는 스트레스 상황을 위의 세 친구들과 비슷한 내용으로 패러디를 엮는다면 정말 눈물 콧물 다 나올 것만 같다. 이처럼 각각의 스트레스의 정도와 모양과 내용은 다 다르지만, 우리 모두가 받고 있기 때문에 스트레스 없는 세상을 바라는 것보다 어떻게 스트레스를 감소시키고 효과적으로 관리할 수 있는지에 대한 방법을 배우는 것이 현명할 것이다.

감사는
어떻게 스트레스를 감소시키는가?

우리의 몸과 정신 그리고 감정은 따로 분리해서 생각할 수 없다. 이들은 서로 연결되어 상호 간에 영향을 주고받는 긴밀한 유기체이기 때문이다. 감사와 행복을 연구한 롤런드 잰Roland Zahn 박사팀은 어떤 사람은 자연스럽게 감사를 하고, 어떤 사람은 왜 그렇지 못한지에 대한 이유를 정밀 뇌 기능 검사를 통해 알아냈다. 핵심은 그들의 중추신경계가 신경 화학적으로 차이가 있다는 것이다. 감사를 잘 느끼고 표현하는 사람들은 뇌의 오른쪽 아래 관자 이랑에 회색질의 양이 더 많이 발견되는데, 감사하지 않는 사람의 뇌는 그렇지 않다는 것이다. 그러니까 감사하는 뇌가 있고 불평하는 뇌가 따로 있다는 말이다.

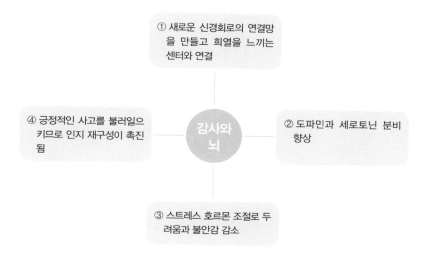

① 새로운 신경회로의 연결망을 만들고 희열을 느끼는 센터와 연결

④ 긍정적인 사고를 불러일으키므로 인지 재구성이 촉진됨

감사와 뇌

② 도파민과 세로토닌 분비 향상

③ 스트레스 호르몬 조절로 두려움과 불안감 감소

감사의 신경 메커니즘(롤런드 잰)

뇌과학자들에 의하면 무슨 일이든 두뇌를 자주 쓰게 되면 두뇌는 그 일에 아주 능통해진다고 한다. 잰 박사가 주장하는 감사의 신경 메커니즘을 위의 도표에서 살펴보자. ① 감사하게 되면 뇌에서는 새로운 신경 회로의 연결망을 만들고 희열을 느끼는 센터와 연결된다. 더불어 자주 감사를 하게 되면 뇌 회로도 강화되어 긍정적인 기분이 더 많이 생기게 된다. ② 감사는 행복 호르몬인 도파민과 세로토닌의 분비를 촉진시킨다. 이 신경 전달 물질이 증가하게 되면 행복감을 느끼게 된다는 사실을 2장에서 이미 배웠다. ③ 감사로 기쁨과 행복감을 느끼면 스트레스 호르몬이 중화되고 조절되므로 두려움과 불안감이 감소된다. ④ 감사로 행복감을 느끼게 되면 뇌는 보다 긍정적인 사고를 하도록 인지를 재구성

시킨다.

이처럼 감사하게 되면 긍정적인 기분이 생기고 이로 인해 행복감이 증가된다. 이는 스트레스 해소로 이어지고 두려움이나 불안감도 줄어들게 되면서 생각도 긍정적으로 바뀌는 것이다. 이것이 바로 잰 박사의 뇌 연구 결과다.

감사는
집중력과 기억력을 향상시킨다

알렉스 코브Alex Korb 박사는 자신의 저서 『우울할 땐 뇌과학』(심심, 2018)에서 감사가 삶의 긍정적인 면에 집중하도록 만드는 방법에 대해 이렇게 설명한다.

우리가 감사 메시지를 주고받을 때 우리의 뇌는 자동으로 현재에 집중하
도록 방향을 재조정합니다. 또한 감사는 우리의 부정적인 감정이나 불안
감 그리고 즉각적인 스트레스 대응을 하는 세로토닌, 도파민, 노르에피네
프린norepinephrine 같은 신경 전달 물질에 촉매작용을 합니다. 결과적으로
긍정적인 기분으로 행복감이 증가되면 집중력과 기억력도 향상되는 것입
니다.

이처럼 믿을 수 없는 기적 같은 일이 뇌에서 일어난다.

마틴 셀리그만^{Martin E. P. Seligman} 박사와 함께하는 연구팀은 411명을 대상으로 이전에 감사하지 않은 사람들에게 감사 편지를 써서 개인적으로 전달하도록 과제를 주었다. 그 연구에 참여하여 감사 편지를 쓴 사람들은 자신의 행복감이 증가되었다고 보고했다. 그런데 놀라운 사실은 감사 편지 쓰기의 혜택이 몇 달 동안 지속되었다는 것이다. 감사 편지를 쓴 사람들과 그렇지 않은 사람들을 비교했을 때 감사 편지를 작성한 사람들은 뇌 정밀 검사에서 감사를 경험했을 때 내측 전두엽 피질이 더 크게 활성화된다는 사실을 발견했다. 이처럼 전두엽 피질이 활성화되면 동기 부여를 잘 받으며, 목표를 달성하기 위해 에너지가 충만해진다. 또 집중도도 높아지면서 긍정적인 감정으로 뇌가 최적의 상태가 된다. 따라서 기억력까지도 향상되는 것이다.

감사가
청소년들의 학습 능력을 향상시킨다

지난 20년 동안 한국에서 감사 운동을 선두 지휘해 온 참행복나눔운동의 손욱 대표를 만나 학교 현장에서의 감사 운동에 대한 이야기를 들었다. 현재 전국의 많은 초등학교에서는 감사 운동이 활발하게 운영되고 있다고 한다.

전국 1,500개 이상의 학교에서 감사 일기 쓰기가 진행되고 있는데, 고등학교에서는 감사 일기 쓰기가 잘 되지 않는다며 안타까워했다. 그 이유를 물어보니 학생들이 성적과 대학 진학에 대한 부담감 때문에 감사 일기 쓰기를 강하게 밀고 나갈 수 없다고 한다. 또 너무 바쁜 청소년 자녀들이 감사 일기를 쓰다가 조금의 시간이라도 낭비할까 걱정하는 부모들의 반응 때문이기도 했다. 부모들은 자녀들이 감사 일기 쓰는 시간조차 아껴서 공부해야 한다는 생각을 갖고 있다는 것이다. 입시 전쟁을 앓고 있는 한국의 상황을 보면 이해는 가지만, 동시에 안타까운 생각이 들었다. 부모나 학생들이 감사에 대한 유익을 잘 알지 못해서 그런 생각을 하기 때문이다.

십대들이 시달리고 있는 시험 불안증이나 스트레스 해소에 감사 일기 쓰기가 얼마나 효과적인 방법인지를 모르기 때문에 달가워하지 않는 것이다. 감사 일기를 쓰는 시간이 대략 5분에서 10분 정도 걸리는데, 그 작은 시간을 투자한 결과, 받는 유익은 몇 배라는 사실을 알아야 한다.

청소년을 위한 '스마트 브레인 와이즈 하트Smart Brain, Wise Heart' 프로그램은 하트매스연구소가 개발한 프로그램으로, 사회적 · 정서적 · 정신적으로 건강한 청소년으로 성장할 수 있도록 돕는 프로그램이다. 이 프로그램의 목표는 참가자들이 스트레스 상황에서 현명한 결정을 내리고 자기 조절 능력을 증가시키며, 학업 성적 향상과 원만한 인간관계를 돕는 것이다. 참가자들이 이 프로그램을 통해 스트레스 관리 기술을 배우면 학업 스트레스와 시험 불안증을 극복하게 되고 성적이 향상되도록 역량을 강화시켜 준다.

그런데 이 시험 불안증은 청소년에게만 해당되는 게 아니다. 대학생이나 대학원생 그밖에 시험을 준비하는 사람들이나 직장 생활을 하는 성인들에게도 해당된다. 과도한 시험 불안증이나 수행 불안증을 가진 사람들은 발표나 시험 전부터 과도한 스트레스와 불안감을 경험한다. 이 불안증 때문에 집중 능력이 떨어지며 극도의 긴장감과 수면장애로 인해 시험 시간이 되기도 전에 극심한 피로감을 느낀다. 결과적으로 시험 시간에 최대치의 능력을 발휘하지 못하게 된다.

청소년 스트레스 관리 프로그램의 핵심도 '심장 호흡'과 '감사 일기 쓰기'다. 이 프로그램을 성실히 이수한 학생들은 스트레스가 생길 때나 부정적인 감정이 생길 때 감사를 몸으로 느끼며 심장 호흡을 하면 자신의 스트레스가 줄어들고 편안해지는 경험을 했다고 말한다. 시험 불안증이 생길 때나 시험을 치르는 시간에 감사한 일이나 감사의 느낌으로 심장 호흡을 하게 되면 마음이 안정된다고 했다. 이를 통해 시험 불안증이 낮아지므로 시험 준비를 더 잘할 수 있게 되고 시험 치르는 시간에도 평정심을 유지하면서 시험에 집중하기 때문에 성적도 좋아졌다고 했다.

감사는 스트레스 관리에 명약이다

감사의 대가 에먼스 박사는 "감사는 스트레스와 감정 관리에 명약"이라고 말한다.

필자는 2019년 중증 폐렴과 폐암 진단을 받으면서, 그리고 치료를 받는 동안 육체적·정신적·감정적으로 깊은 수렁에 빠져 바닥을 치는 경험을 했다. 몸이 아픈 것은 의사와 함께 치료의 과정을 밟으면 되지만, 폐암 진단으로 받은 충격과 함께 죽음을 생각하게 되었고, 미래에 대한 불안과 두려움, 그리고 뒤이어 찾아오는 우울감으로 더욱 힘들었다. 신앙이 있었기에 기대와 희망을 갖고 마음에 평정심을 느끼게 되었지만, 그 반대의 감정들이 몰려오면 다시 나락으로 떨어지는 기분이 들었다.

조금 컨디션이 나아질 때면 침대에서 일어나서 암 치료와 관련된 영상과 강의들을 들었다. 치료과정 동안 내가 해야 할 일이 무엇인지 알고 싶어서였다. 거의 모든 암 전문의들이 환자에게 공통으로 추천하는 것들은 이 네 가지였다. '표준 치료를 잘 받을 것, 건강한 식생활, 규칙적인 운동, 그리고 마음 관리'가 그것이었다. 하지만 마음 관리를 어떻게 해야 하는지 구체적인 방법은 가르쳐 주지 않았다. 나는 의사들이 말하는 마음 관리가 바로 스트레스 관리나 감정 관리라고 생각했다.

평소 관심이 많았지만 늘 시간에 쫓겨서 옆으로 제쳐 두었던 감정 관리 프로그램을 이수하기로 마음먹었다. 효과가 입증된 프로그램은 하트매스연구소가 20년 전에 개발한 스트레스 관리 프로그램이다. 이 프로그램을 통해서 배운 스트레스 관리의 두 가지 핵심인 심장 호흡과 감사일기 쓰기를 매일 실천하게 되었다. 시간이 지나면서 내 감정 상태는 몰라볼 정도로 평온해졌고, 감사 일기를 쓰면서 행복감을 맛보기 시작했다. 건강이 그리 좋지는 않았지만 행복했다. 어떤 땐 구름에 올라탄 것 같은 기분이 들 때도 있었다. 시간이 지나면서 건강에도 조금씩 청신호가 보이기 시작했다. 무엇보다 나의 고질적인 문제였던 스트레스 관리를 잘할 수 있게 되었다.

시니어를 위한
감사 프로젝트

2020년 코로나19로 락다운이 된 상황은 어르신들에게 더욱 힘든 시간이었다. 집안에 갇혀 있는 시간이 대부분인데, 컴퓨터 사용이나 소셜미디어 사용이 힘들기 때문에 더욱 어려움을 겪고 있었다. 친구들을 만나거나 가족들을 만나는 것도 힘든 때에 어떻게 하면 어르신들이 이 상황을 잘 극복하도록 도울 수 있을까 생각하다가 어르신들에게 가장 익숙한 소셜 미디어인 카카오톡을 사용해서 감사 일기 캠페인을 벌이기로 했다. 시니어 감사 프로젝트는 스트레스 관리 방법 중에서 가장 중요한 감사 일기 쓰기를 훈련하는 프로그램이다. 시니어 디렉터인 김병용 박사가 감사가 주는 유익을 영상으로 촬영해서 카카오톡으로 전송하면 시니어들이 영상을 시청한 후 매일 감사한 일들을 작성해 카톡으로 올리도록 했다. 이 과정을 통해 어르신들도 두려움과 불안을 떨쳐버리고 스트레스를 극복할 수 있었다고 한다.

이 어려운 중에 살아 있는 것만으로도 감사, 오늘 먹을 것이 있어서 감사,

이 정도로 건강하니 감사, 감사를 시작하니 계속 감사할 일들이 더 많이 생겨서 감사하다. 나이가 들면 신체적으로나 정신적으로 감정의 변화가 많게 되고, 작은 일에도 섭섭이가 들어가서 감사의 마음이 줄어드는데, 이번 기회를 통해 감사해야 할 일들을 생각하니 불평이 줄어들고 점점 더 마음을 잘 다스릴 수 있게 되어 감사하다.

남편의 사고로 인한 충격 때문에 한쪽 눈이 안 보이면서 심한 통증을 겪고 있었지만, 코로나바이러스로 인해 병원 예약도 쉽지 않고 경제적으로도 힘들어 망설이던 중 이렇게 말했다.

"눈아, 칠십 평생 안경도 안 쓰고 나와 잘 살았는데, 이제 아프면 어떻게 하니? 그동안 네게 감사하지 못해서 미안하다. 칠십 평생 안경 안 쓰고 살게 해 준 것에 감사하고, 그동안 눈이 잘 보여서 한 번도 넘어지지 않아서 감사해."

병원 예약 날짜를 기다리면서 매일 거울을 보며 감사했다. 아침과 저녁으로 이렇게 감사를 했더니 신기하게도 통증이 멈춰서 병원 예약을 취소했다. 또 계속 보이지 않는 눈을 향해 감사하다라고 말했다. 그랬더니 기적이 일어났다. 며칠 전부터는 눈이 보이고 통증도 사라졌다. 지금은 병원에 가지 않아도 되고 약을 한 번도 쓰지 않았는데도 글을 읽을 수 있을 정도로 좋아졌다. 감사가 큰 치료제였다. 이제 나는 온몸에게 감사하고 있다. 팬데믹 중 시작한 감사는 시간적으로나 경제적으로 큰 도움이 되는 일이라는 사실을 알게 되었다. '이제는 좋은 일도, 안 좋은 일도 다 감사하면 되겠구나'라고 생각하면서 또 감사한다.

나는 미국에 온 지 6년밖에 되지 않았다. 지난 6년 동안 남편에게는 많은 일이 일어났다. 차도 없이 자전거를 타고 다니다가 넘어져서 세 군데나 뼈이식을 했고, 상한 음료수를 마시고 심장이 터질듯한 고통으로 응급실로 가게 되었는데, 극적으로 살아날 수 있었다. 2019년에는 매우 신경 쓰는 일이 있었는데 갑자기 심장이 정지된 듯한 급한 상항이 발생했고, 응급실로 달려가서 곧바로 심장 스텐트 시술을 해야만 했다. 더군다나 늘 삶에 대한 걱정이 많고 우울증 증세마저 있었다.

2020년 2월에는 계단에서 넘어져 머리와 다리를 크게 다쳤다. 2월 9일이 마침 일요일이라 교회에서 예배드릴 때 가족이 모두 있었기 때문에 위급한 상황에서 빠르게 대처할 수 있어서 너무 감사했다. 많은 피를 흘려서 힘들었지만, 정신이 이상 없도록 보호해 주신 것에 감사하다. 조금만 늦게 다쳤어도 코로나바이러스 때문에 어떻게 되었을까를 생각하니 정말 감사하고 감사하다. 우리는 평생에 쉬어본 적 없이 일만 하고 살았는데, 이번 기회를 통해 그동안 자지 못한 것, 쉬지 못한 것을 한꺼번에 자고 쉴 수 있는 시간이 생겨서 감사하다. 부지런히 사느라 부부간에 얼굴 쳐다볼 시간도 없었는데, 이런 아픔과 고난을 통해 부부가 서로를 귀하게 여기고 감사하면서 진정한 사랑이 무엇인지 깨닫게 되어 감사하다.

이처럼 감사는 우리가 일상에서 마주하는 작은 것들에 대해 감사하고 그 가치를 인정할 때 현재의 힘든 상황을 잘 극복할 수 있도록 도와줄 뿐 아니라 회복탄력성까지 증가시킨다는 것이다.

감사의 걸림돌: 피해의식

피해의식이란 '모든 나쁜 일은 나한테만 계속해서 일어난다'라고 생각하는 것이다. 그래서 내 인생의 모든 어려움은 내 주변의 다른 사람들 때문이라고 생각하면서 그들에 대해 끊임없이 비난하는 것이다.

타라 디넨Tara Dinnen 박사는 그의 저서 『피해자 만들기Manufacturing Victims』에서 심리학계는 그동안 피상담자들에게 그들이 누군가의 잘못에 의해 '손상 입은 제품,' 즉 부모나 배우자 혹은 직장 동료나 크게는 사회에 의해 희생을 입게 되었다는 생각을 갖게 만드는 데 일조했다고 말한다. 자신의 책임을 최소화하고 자신의 문제를 다른 사람에게 돌리는, 이른바 손가락질하는 치료 방식을 사용했다고 고발한 것이다. 심리 치료사들을 만나서 그런 말을 듣지 않았다 해도 최근의 문화는 다른 사람을 비난하는 데 아주 익숙해져 있고, 비난이 마치 우리 자신의 정체성처럼 되었다고 말하기도 한다. 그런데 다른 사람을 비난하는 일은 감사를 아주 어렵게 만든다. 피해의식은 내가 그 사람 때문에 상처를 받았기 때문에 분노와 보복하고 싶은 마음을 갖게 된다. 그러니 어떻게 감사할 수 있겠는가? 더 심각한 문제는 비난자들이 자신에게 상처를 준 사람뿐만 아니라 다른 사람들이 제공하는 좋은 것에 대해서도 감사하지 못한다는 사실이다.

다행인 것은, 최근에는 '희생양 의식'이 점점 줄어들고 있다는 것이다. 긍정심리학은 내담자의 회복탄력성, 자기 결정 능력이나 개인적 책임과 같은 개념에 초점을 맞추기 때문에 내담자들에게 피해자의식을 갖게 만드는 사고방식에 반박을 가하고 있다. 즉 '부모를 비방하거나 자신의 유전자를 탓하거나 과거라는 감옥에 갇혀 있는 죄수들'이란 생각에서 벗어나도록 돕고 있다.

하지만 여전히 피해자의식에 사로잡혀 있는 사람들이 너무도 많다. 여러분은 어떤가? 피해자의식을 갖고 살지는 않는가? 이 감옥에서 빠져나와 당신에게 주어진 것들에 대해 '감사의 안경'을 쓰고 바라볼 수 있기를 바란다. 아래 표를 통해 나의 피해자의식 수준을 알아 보자.

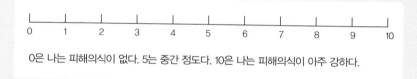

0은 나는 피해의식이 없다. 5는 중간 정도다. 10은 나는 피해의식이 아주 강하다.

행동하면 커지는 감사:

행복감을 증폭시키는 감사 방문

긍정심리학의 대가 마틴 셀리그만 Martin E. P. Seligman 박사는 감사 연구에서 가장 큰 행복을 가져다주는 것이 '감사 방문'임을 발견했다. 감사 방문의 출발점은 자신의 삶에 의미 있는 변화를 준 사람들을 떠올리는 것에서부터 시작한다. 그리고는 편지를 쓴다. 그 사람은 어떤 일을 해 주었고, 그 일로 인해 자신이 어떤 영향을 받았는지 300여 자 정도로 구체적으로 쓴다.

편지 쓰기를 마치면 왜 만나고 싶은지에 대한 이유는 말하지 않고 그 사람과 만날 약속을 한다. 그리고 만남의 장소에서 진심을 담아 편지를 천천히 읽는다. 이때 방해 요소가 없어야 한다. 그러면 이러한 소통은 놀라운 효과를 낸다. 편지 낭독으로 인해 사람들은 감동하여 울고 껴안게 된다. 그뿐만이 아니다. 일반적으로 편지를 쓴 사람이 그 후 한 달 동안 덜 우울해하고, 삶을 좀 더 긍정적으로 생각한다는 사실을 확인했다.

2021년 연말에 고국을 방문하게 되었다. 무엇보다 90세를 넘기고 치매로 요양원에 가신 친정엄마를 방문하는 일이었고, 35년 동안 가족들을 떠나 미국에 살면서 여러모로 사랑의 빚을 진 분들을 위한 '감사 방문'을 하기 위해서였다. 2021년 한 해 동안 나는 '엄마에게 감사한 일' 100가지를 작성했다. 치매로 인해 오랫동안 집중할 수 없으셨기에 모두 다 읽을 수는 없었지만, 감사한 일들을 하나하나 말씀드렸다. 가만히 듣고 계시던 엄마는 나를 꼭 끌어안으셨다. 아무 말 없이 한참 동안 엄마와 나는 뜨거운 포옹을 했다. 늙어서 이젠 눈물도 말랐다고 말씀하시는 엄마 품에서 주체할 수 없는 눈물이 목까지 흘러내렸다. 이게 마지막이 될지도 모르는 기막힌 순간이 감사해서 울다 보니 슬픔이 어딘가로 자취를 감춘 듯했다. 이내 눈물을 닦고 어린 시절 즐거웠던 시간들을 반추해 보면서 우리 모녀는 웃기 시작했다. 그러다가 엄마의 일생을 생각하며 써 두었던 「어머니께 바치는 시」를 읽어 드렸다.

　　어머니의 눈

　　사랑으로

　　나를 바라보는 눈

　　보이지 않아도 보고 있는 눈

　　멀리서도 나를 알아보는 눈

　　눈에 넣어도 아프지 않다며

　　끝없이 끝없이 바라보는 눈

　　어머니의 귀

　　작은 소리로 속삭여도

　　내 목소리 알아듣는 귀

　　멀리서도 가까운 듯

　　내 발자국 알아듣는 귀

　　행여 눈치챌까 이불 덮고 흐느껴도

　　속울음조차 알아듣는 신통한 귀

　　어머니의 손

　　나를 먹이는 손

　　나를 일으키는 손

사랑을 실어나르는 손

자식 위해 기도하는 손

아픈 곳 치료하는 기적의 손

어머니의 가슴

사랑으로 나를 품는 가슴

평안과 쉼으로 잠재우는 가슴

언제나 느낄 수 있는 따스한 가슴

자식의 지나온 발자취

크고 작은 성취들 행여 잊을까

보석처럼 귀하게 담아 두는 가슴

안겨 드린 기쁨과 행복 새겨 두는 가슴

자식 인한 아픔과 슬픔 묻어 두는 가슴

터질 듯 메어오는 가슴앓이 되기까지

60여 평생 나를 품은 그 아픈 가슴

어머니의 삶

촛불이 되어 빛을 만드는 삶

자식의 가는 길 위해 한 발 앞서서

어두움 몰아내는 빛

가는 길 비춰 주는 빛

그 빛 뿜어내려

촛불처럼 마다하지 않고

날마다 줄어드는 삶

날마다 타들어 가는 삶

살갗이 타는 아픔과 고통

자식 위해 내어 주는

촛불같이 아픈 어머니의 삶

사랑의 불 밝혀 주어

촛불처럼 빛나는 어머니의 삶

촛불 향내 가득한 어머니의 삶

그 앞에 자꾸만 숙연해지고

그 앞에 자꾸만 눈물이 나네

시를 읽어드린 후 다시 엄마를 끌어안고 "엄마의 희생과 사랑에 감사하다"고 말씀드렸다. 그리고는 헤어질 시간이 되어 엄마한테 딸을 위해 기도해 달라고 부탁드렸다. 기도를 얼마나 잘하시는지 치매라는 사실이 믿기지 않는 순간이었다.

하나님 아버지, 감사합니다. 내가 사랑하고 귀히 여겼던 딸이 미국에서 사는데, 이렇게 먼 거리를 여행해서 못난 엄마를 만나러 왔습니다. 이 딸, 어디에 있든지 지켜 보호하여 주시고, 무슨 일을 하든지 하나님의 영광을 나타내도록 도와주십시오. 이 딸을 사랑으로 이끌어 주십시오. 예수님 이름으로 기도합니다. 아멘.

이 같은 엄마의 축복기도를 받을 수 있다니 감격스럽기만 했다. 그리고 또 부탁을 했다. "엄마, 엄마가 가장 좋아하시는 시편 23편 외워 주세요." 나중에 엄마가 보고 싶고 그리울 때 엄마 목소리 듣고 싶을 때 듣기위해 녹음해 두고 싶어서였다. 잠깐 숨을 고르시더니 막힘없이 단숨에 줄줄 외우시는 우리 엄마! 엄마의 암송 소리를 들으면서 여호와의 집에 영원히 거하길 날마다 소원하는 엄마의 믿음을 확인했다. 엄마와 함께 한 둘만의 시간을 통해 우리 모녀는 헤어짐의 아픔이 작아지고 천국의 소망이 커지는 경험을 했다.

그동안 받은 사랑을 감사로 전하는 이 시간은 분명 엄마와 나에게 치유의 시간이었다. "자식 위한 사랑과 희생에 감사하다"는 한마디에 엄마는 무거운 삶의 짐을 내려놓은 듯 "이제는 아무것도 바랄 것 없다"는 말씀을 하셨다. 감사의 말 한마디가 턱없이 미약하고 부족하지만, 엄마에게는 자식 위해 희생을 감내했던 구십 평생의 삶을 보람으로 마무리지으셨나 보다. 이 못난 자식에게는 육십 평생 엄마 속 썩게 해 드린 불효에 대해 사함을 받는, 죄책감으로부터의 자유를 선물 받는 시간이었다. 온갖 고생과 고통으로부터 놓임을 받는 자유와 치유의 시간! 영혼의 묵은 때가 말끔히 씻긴 듯 머리가 맑아져서 깃털처럼 날아갈 듯했다.

언니에게도 감사의 편지를 썼다. 편지를 쓰는 내내 60년간 받은 사랑에 감격해서 가슴이 북받쳐 올랐다. 언니와 처음으로 가진 둘만의 2박 3일의 추억 여행 가운데 우리의 어린 시절을 되돌아보는 시간과 함께 머지 않아 엄마를 보내 드리기 위해 마음 준비를 하며 상실의 아픔을 나누는 시간을 가졌다. 엄마의 요양원 방문을 두 번에 걸쳐서 마치고 헤어지는 날 아침, 언니에게 미리 써둔 감사 편지를 읽어 주었다. 엄마처럼 막냇동생인 나를 사랑으로 보살펴 주고, 학교 다닐 때는 용돈 봉투로, 미국에 있을 때는 농장에서 난 온갖 좋은 곡류와 마른 나물들, 된장과 고춧가루는 말아놓고 챙겨 주었던 언니의 사랑을 거기에 적었다. 읽는 나도, 듣고 있던 언니도 말없이 뜨거운 눈물을 흘렸다. 이렇게 감사를 주고받으면서 언니와 나는 엄마를 떠나보낼 생각에 시린 가슴을 서로 보듬어 주는 시간을 가졌다. 다가올 슬픔을 너끈히 이겨낼 수 있을 것 같았다.

그리고 시댁 형님에게도 감사 편지를 썼다. 유난히 나를 사랑해 주었고, 때마다 일마다 챙겨 주었다. 또 우리 아이들의 고국 방문 때마다 선물 보따리를 안겨 주었고, 맛있는 음식도 사 주고 한국 문화 체험까지 시켜 주는 최고의 고모였다. 조카들을 다 모아 불러놓고 우리 아이들과 함께 시간을 보내면서 가족의 뿌리를 연결시켜 주고 가족의 다리 역할을 해 온 형님! 남편이 세상을 떠나면 시댁과도 거리가 멀어진다는데, 형님의 사랑과 배려 때문에 우리는 서로 그리워하는 사이로 지내고 있다. 고마운 형님에게 데이트 신청을 했다. 식사를 대접하고 싶었기 때문이다.

용인의 한정식 식당에서 저녁 식사를 마친 후 형님에게 미리 준비해 둔 감사 편지를 꺼내 읽어 드렸다. 마침 코로나가 한창이었을 때라 식당엔 우리 테이블 외에는 사람들이 거의 없었다. 식당 주인에게는 미안하지만 조용해서 집중해 편지를 읽을 수 있어서 더할 나위 없는 분위기였다. 감사 편지를 쓸 때도 울었는데, 읽으면서 또 울었다. 듣고 있던 형님의 눈가도 젖어 있었다. 읽기를 마친 후 감사 편지를 형님에게 건네 드렸더니 가장 소중한 선물로 간직하겠다고 하면서 행복해했다. 두 사람 사이에 감사가 넘쳐서 뭉게구름 위에 올라타고 있는 것 같은 기분을 느꼈다. 정말 행복한 시간이었다.

그리고 지난 35년 동안 물심양면으로 친동생처럼 사랑을 베풀어 주었던 선배 언니를 위해서도 감사 편지를 썼다. 텍사스 유학생 시절부터 시작해 음으로 양으로 도와주었고, 늘 나를 위해 기도해 주었던 것에 대한 감사의 내용들을 구체적으로 편지에 담았다. 언니를 만나 점심 식사를 하기로 했다. 그런데 사돈 분과 같이 오셔서 편지를 읽어드릴까 말까 망설이다가 그분도 이미 알고 있는 사이라 괜찮겠다는 생각이 들었다. 울지 말고 읽어야지 다짐했는데, 그 다짐도 효력이 없었다. 읽고 나서 언니를 바라본 순간 언니의 상기된 얼굴, 그리고 눈가에는 맑은 이슬방울이 창가로 들어오는 빛을 받아 반짝이고 있었다. 함께 듣던 사돈도 감동의 순간에 증인이 되어 주었다.

"그 많은 사랑을 베풀어 오셨다니 정말 감동입니다. 존경합니다!"

어린 시절부터 친구이자 위엄과 권위로 나를 훈련시켜 준 오빠에게도 감사의 편지를 썼다. 숙제 검사를 하고 성경 읽고 기도하기, 매일 일기를 쓰도록 인도해 준 멘토 역할을 했던 오빠는 이번 한국에 머무는 동안에도 나의 필요를 기쁨으로 채워 주었다. 수년 동안 혼자서 더 이상 삶을 꾸려가기 힘든 엄마 곁에서 손발이 되어 주었던 오빠! 엄마가 요양원에 오기까지 하루가 다르게 달라지는 엄마의 모습을 보며 너무 많이 울어서 눈물이 다 말라 버렸다는 오빠! 그 오빠는 한사코 말리는데도 개의치 않고 꼭두새벽부터 미국 가는 동생을 위해 서울까지 달려왔다. 무거운 여행용 가방들을 차에 싣고 공항으로 가는 동안 우리 사이엔 침묵이 흘렀다. 그 시간 우린 어쩜 같은 생각을 하고 있었을 것이다. 가슴 깊이 자리 잡은 엄마와의 마지막 이별의 시간을…, 그 침묵의 의미를 서로가 잘 알고 있었기에 속울음을 삼키는 침묵을 깰 필요가 없었다.

원래 계획으로는 차에서 내리기 전에 오빠에게 감사 편지를 읽어 주려고 했는데, 만감이 교차되는 침묵의 시간을 보낸 후 도저히 편지를 읽을 수 없었다. 생각만 해도 눈물샘이 터질 것 같아 한참을 망설이다가 그냥 차에서 내렸다. 오빠한테 그동안 감사했다는 말을 전하면서 편지는 집에 가서 읽으라고 부탁했다. 집에 도착해 내 편지를 읽은 오빠는 SNS로 자신의 심정을 보내왔다. 오누이의 사랑을 확인하는 시간이었다.

마지막 감사 방문은 한국에서 돌아온 후에 가졌다. 텍사스 유학 생활 중에 만났을 때부터 지금까지 변함없는 친구로 우정을 나누면서 슬픔과 기쁨을 함께 나누어 준 믿음의 친구이자 후원자로 내 삶에 함께해 준 친구에게 그의 회갑을 앞두고 감사 카드를 썼다. 잊을 수 없는 고마운 순간과 도움의 손길로 내게 힘을 주었던 일들을 적는 내내 감사로 벅차올랐다. 그리고 작은 선물과 함께 감사 카드를 친구 남편의 이름으로 부쳤다. 또 전화해서 생일 축하 케이크를 자르는 시간까지 카드를 열어 보지 말 것과 가족들이 축하하는 시간에 참여할 수 있도록 화상 채팅 앱인 줌 Zoom 접속 링크를 보내 달라고 부탁했다. 직접 가서 만날 수 없으니 영상으로라도 만나서 얼굴을 보며 읽어 주어야겠다는 생각이 들었기 때문이다. 딸 가족과 아들 그리고 친구 부부와 초대 받은 우리 가족들은 딸 내외가 준비한 회갑 축하 영상을 보았다. 그리고는 내가 친구에게 쓴 감사 편지를 읽었다. 감정 조절을 위해 숨을 고르려고 애썼지만 실패했고, 떨리는 음성 속에 섞인 눈물을 숨길 수 없었다. 친구와의 관계 속에서 받은 사랑을 내 딸 재인이도 남편도 잘 알고 있었기에 함께 감사하는 마음을 나눌 수 있어 더욱 의미가 있었다. 축하 시간이 끝나고 친구 딸에게서 "엄마에게 이모 같은 친구가 있어서 너무 감사해요"라는 메시지가 왔다. 35년간 쌓여 온 감사의 순간들이 필름 돌아가는 듯 감사가 가져오는 벅찬 감격을 경험했다. 그다음 날 친구한테 메시지가 날아왔다.

생일에 아이들 때문에 눈물 참은 거 오늘 편지 읽으며 다 울었어. 옛날 그 시절, 어렵던 유학 생활 중에 콩 한 쪽이라도 함께 나눈다고 보낸 보잘것 없는 것들이었는데, 그렇게 감사해하다니…. 참 민망하구나.

감사 편지를 쓰면서부터 한동안 행복감이 계속되는 놀라운 경험을 하게 되었다.

'감사 방문'이 가져다주는 놀라운 선물을 고스란히 받고 체험했던 당시 3개월간은 내 생에서 결코 잊을 수 없는 시간들로 기억될 것이다. 꺼질 듯 가물거리는 촛불처럼 건강이 나빠지는 엄마와의 이별을 준비하는 힘들고 고통스런 한국 여행 중에 이 감사 방문이 아니었다면 나는 정신적으로나 감정적으로 나락에 떨어져 일어나지 못했을 것이다. 감사 방문 덕분에 예견된 상실의 아픔과 슬픔을 극복할 수 있었다. 감사에 집중했기 때문이다. 앞으로도 나는 기회가 될 때마다 감사 방문을 계속할 것이다. 계속 이 행복을 맛보고 싶어서다. 그리고 감사의 대상이 되어 준 분들을 행복하게 해 드리고 싶어서다.

자, 이제 당신 차례다. 아래의 감사 편지 가이드를 참고해 감사 편지를 쓰고, 감사 방문으로 가슴이 터질 것 같은 행복을 느껴보길 바란다. 감사 방문의 위력이 얼마나 대단한지 경험하게 될 것이다.

감사 편지 쓰기

2021년은 내 평생 가장 많은 감사 편지를 쓴 해였다. 패밀리터치의 창립 20주년 기념 행사를 준비하면서 20년의 역사를 정리하는 작업을 3개월에 걸쳐 진행했다. 20년 동안 패밀리터치가 '행복한 가정의 길잡이 역할'을 할 수 있도록 기초를 닦아 주었고, 성장의 동력이 되어 준 이사분들에게 깊이 감사하는 시간을 가졌다. 비전센터 건립을 위해 후원해 준 한 분 한 분을 생각할 때는 감사로 눈시울이 뜨거워졌다. 그분들은 패밀리 터치의 역사 속에서 잊을 수 없는 감사의 대상들이기 때문이다.

그분들에게는 틈나는 대로 감사 이메일을 보내거나 손으로 쓴 감사 카드를 보냈다. 감사의 편지를 쓰다 보니 그 전에 감사했던 일들이 주마등처럼 뇌리를 스쳐 지나갔다. 시간이 지나면서 희미해지던 감사의 순간들이 다시 선명해졌다. 기억 속의 감사를 꺼내어 다시 느끼는 감동을 맛보았다. '난 참으로 받은 복이 많구나. 도움을 준 분들이 이렇게 많구나!' 를 생각하니 터질 듯한 감사가 쏟아져 나왔다. 20주년 행사의 주제인 '감사'를 마음껏 실천하면서 감사의 위력을 다시 한 번 체험하게 되었다. 마틴 셀리그만 박사의 말처럼 진심을 담아 감사를 표현하면 본인이 행복해진다는 말의 의미를 깨닫는 순간이었다.

감사 편지 쓰기 가이드

- 여러분이 받은 선물이나 도움이 무엇이었는지 가능하면 구체적으로 쓰되, 너무 길지 않게 쓴다.

- 진심을 담아 편지를 쓴다.

- 그 선물이 여러분에게 어떤 영향을 미쳤는지를 간단하게 쓴 후, 그 일에 대하여 '감사합니다'라고 쓴다.

감사의 보물찾기 게임

매일의 '감사 찾기 게임' 가운데 특히 사람들에게서 감사를 발견하고 표현하는 것에서 더 많은 혜택을 누릴 수 있음을 기억하자. 다른 사람들과의 관계는 우리의 행복을 결정짓는 가장 중요한 요소이기 때문이다. 그런 이유 때문에 우리가 감사의 삶을 새롭게 쌓아갈 때 사람들에 대해서 먼저 생각하는 것이 합리적이다.

에먼스 박사는 "감사는 우리의 일상생활 속에 숨겨놓은 보물찾기 게임이며, 숨겨져 있는 보물을 찾기 위해 시간과 노력을 해야 하는 게임이다"라고 했다. 나는 이 말의 의미를 잘 알고 있다. 어제는 엄청나게 감사했던 일에 대해 오늘은 어제와 같은 정도로 감격하지 않게 된다. 어제는 의사를 만나 나의 건강 상태가 계속 호전되고 있다는 소식을 들으며 탄성을 질렀다. 집에 돌아와 벅찬 감사를 느끼면서 '감사 호흡'을 했다. 그때 나의 호흡 상태는 최고치에 달했다. 바이오 피드백 기구인 이너 밸런스는 감사로 가득 찬 내 마음을 연초록빛 곡선 그래프로 고르고 깊게 그리고 있었다. 하지만 어제의 일을 생각하면서 오늘 다시 호흡을 할 경우 어제의 감동과 감사가 가져온 호흡의 질보다는 떨어진다. 오늘 받은 꽃 선물에 감사하며 호흡하면 이너 밸런스는 초록색 빛을 내며 그래프를 그린다. 그러나 하루가 지나고 나서 어제와 같은 꽃 선물을 생각하면서 호흡을 하면 어제와는 감사의 정도가 약화되는 것을 확인하게 된다. 그러므로 어제의 감사나 지난주의 감사 거리가 아닌 오늘의 신선한 감사 거리를 찾아야 한다. 그래서 나는 이 게임을 '오늘의 감사 보물찾기 게임'이라고 부른다.

감사 근육 키우기: 일터가 선물이다

직무 스트레스가 많지만 그래도 직장에 대해 감사한 일들을 하나하나 생각해 보자. 직장 생활을 하지 않는다면 현재 당신이 낮 시간에 가장 많이 시간을 보내는 그곳이 당신의 일터이다. 전업주부이면 집이 일터인 것이다. 일터에 대한 감사, 그곳에서 함께 일하고 있는 사람들에 대해 감사한 점들을 찾아보자. 직장이 없거나 일거리가 없다면 어떻게 될 것인지도 생각하면서 구체적으로 감사한 일을 일기에 기록하자.

PART
6

감사가 있는 직장은
무엇이 다른가?

누군가에게 생애 최고의 날을 만들어 주는 것은 그리 힘든 일이 아니다.
전화 한 통, 감사의 쪽지, 몇 마디의 칭찬과 격려만으로 충분하다.
－댄 클라크(Dan Clark)

경희대 테크노경영대학원 임규남 교수의 책『회사가 키워주
는 신입 사원의 비밀』(위즈덤하우스, 2012)에는 첫 직장에서 준비해야 할 27
가지를 자신의 체험을 바탕으로 친절하게 안내해 주고 있다. 직장 생활
에 임하는 태도부터 시작해서 자기 관리와 인맥 관리, 시간 관리, 스트
레스 관리, 위기관리, 건강과 관련한 내용까지 신입 사원에게 꼭 필요
한 항목들을 조목조목 조언해 준다. 이 책 프롤로그에는 다음과 같은
글이 있다.

나는 자수성가한 사업가도 아니고 기업의 최고 경영자도 아니다. 또 명문
대학을 졸업한 것도 아니고 유학파 출신도 아니다. 그렇다고 신입 사원
시절 남보다 승진이 빨랐던 것도 아니다. 20년 넘게 직장 생활을 했지만,
아직도 전월세에 의존해 주거 문제를 해결하고 있다. 요컨대 세속적인 관

점에서 본다면 나는 확실하게 내세울 만한 스펙이 별로 없는 지극히 평범하거나 평균 이하의 직장인에 가깝다고 할 수 있다.

… 중략 …

수많은 직장인들은 회사 생활을 힘들고 어렵다고들 하는데, 나는 하루의 일과가 여전히 즐겁고 행복하다. 오랫동안 직장 생활을 하다 보면 오르막길과 내리막길을 수시로 경험하게 되는데, 나의 직장 생활은 신입 사원 시절부터 지금까지 이전 해보다 더 낫지 않은 해가 없었다. 수많은 중장년 직장인들이 사오정이니 오륙도니 하는 자조 섞인 말을 해가며 불안해한다. 하지만 나는 다가올 미래가 날이 갈수록 기대된다. 이쯤 되면 나에게 무슨 비결이 있는 것은 아닌지 궁금해질 것이다.

프롤로그를 읽으면서 그 비결이 무엇인지 필자도 궁금해 첫 장을 펼쳤다. 그런데 27가지의 비밀 가운데 첫 번째 비밀인 '감사하는 태도'를 읽으면서 궁금증이 단번에 풀렸다. "인생의 성공은 감사하는 마음에서부터 시작된다"는 첫 문장 속에 답이 들어 있었기 때문이다. 저자는 "현재 자신이 처한 상황이 아무리 어렵고 힘들다 해도 감사하는 마음을 게을리해서는 안 된다. 처음 직장 생활을 시작하면서 길러야 할 첫 번째 습관이 감사인데, 이를 실천하지 않는다면 성공적인 삶을 포기하는 거나 다름이 없다"라고 하면서 감사의 삶을 살지 않는 사람들을 향해 일침을 가한다.

저자는 직장 생활을 하면서 감사를 연습하는 세 단계를 제시해 준다.

첫째는 감사의 대상을 가까운 곳에서부터 찾자. 나 자신으로부터 시작해서 배우자와 가족들로 감사의 대상을 넓혀가는 것이다. 둘째는 아주 평범하고 작은 것에서부터 감사의 대상을 찾는 연습을 하자. 셋째는 감사한 마음을 적극적으로 표현하자는 것이다. 이 세 가지 감사의 단계를 지속적으로 훈련했다면 그는 벌써 직장에서의 성공뿐 아니라 인생에서 성공하고 행복할 수 있는 조건을 충분히 갖추고 있는 것이다.

퇴사와 감사는 무슨 상관이 있을까?

우리는 앞 장에서 직무 스트레스가 얼마나 큰지, 또 매일의 삶 속에서 경험하는 스트레스가 얼마나 큰지 살펴보았다. 하지만 감사 실천이 스트레스를 줄여 주고 우리 정신 건강의 지킴이가 된다는 사실을 알게 되었다. 또 감사를 통해 뇌 건강이 향상됨으로 집중력과 기억력까지 좋아진다는 사실을 알게 되었다.

이처럼 감사가 주는 유익을 통해 정신 건강이 좋아지면 직장 생활에도 긍정적인 영향이 나타나게 된다. 감사 실천은 주어진 업무에 동기를 부여하고 생산력 증가와 함께 고객 관리도 더 잘하게 만든다. 또 리더들의 관리 능력도 향상된다. 무엇보다 스트레스가 여전한 가운데에서도 행복한 직장 생활을 할 수 있게 된다.

그렇다면 감사 없는 직장생활은 아예 생각하지 말아야 할 것 같다. 정규직이든 비정규직이든, 말단 사원이든 관리자이든, 소상공인이든 대기업이든 자신의 성공과 행복을 위해 감사를 최고로 중요한 자산으로 생각하면서 이 자산을 늘려가야 할 것이다.

직장에서의 감사 연구는 다른 어떤 분야보다 활발하게 진행되고 있다. 회사 경영자들은 어떻게 해야 직원들에게 동기부여를 잘할 수 있는지, 그들의 능력을 최대치로 발휘하여 생산성을 높일 수 있는지를 고민한다. 그런 고민을 하는 회사들은 감사 실천이 직장 내 여러 문제를 해결할 수 있다는 결론을 내리고 '감사 캠페인'을 벌이는 곳들이 차츰 많아지는 추세다.

글래스도어glassdoor.com가 2,000명 이상의 미국 성인을 대상으로 한 온라인 설문조사에서 '감사는 직장인들로 하여금 장기 근무를 하도록 동기부여'하는 것으로 나타났다. 2019년에 실시한 연구에 따르면 직원의 53퍼센트는 상사가 감사를 더 많이 표현할 경우 회사에 더 오래 머무를 의향이 있다고 답한 것이다. 한편, 「포브스」기고가였던 빅터 립맨Victor Lipman에 따르면 2012년엔 직장인의 51퍼센트가 회사가 감사하는 마음을 갖고 있지 않다면 직장을 그만두겠다는 응답을 했다고 한다. 그런데 2017년에는 무려 66퍼센트가 회사가 감사하지 않는다고 느껴지면 직장을 그만두겠다는 응답을 했다고 보고했다. 직장에서 감사를 통해 인정받는 것의 중요성은 5년 사이에 15퍼센트나 증가한 것이다. 그런데 더 놀라운 사실은 밀레니얼 세대(20~40대) 중 76퍼센트가 같은 답을 했다는 것이다. 세월이 흐를수록 젊은 세대들에게 있어 직장에서의 감사가 얼마나 중요한지 보여 주는 설문조사다. 직장인들의 장기 근무에 이처럼 큰 영향을 미치는 것이 감사인데, 그럼 실제로 감사 실천을 하고 있는 직장은 얼마나 될까?

존 템플턴 재단의 연구에 따르면 직장인의 60퍼센트가 직장에서 일 년에 한 번도 감사하다는 표현을 들어보지 못했거나 한 번 정도 들었다고 한다. 북미주 지역 직장인들의 65퍼센트는 지난 12개월 동안 잘한 일에 대한 인정을 받지 못했다고 답했다. 관리자 가운데 51퍼센트는 직원들에게 업무에 대한 칭찬과 인정을 잘 해주었다고 대답했지만, 정작 17퍼센트의 직원들만 자신의 업무에 대한 인정을 받았다고 했다. 34퍼센트라는 오차는 감사의 커뮤니케이션이 제대로 이루어지지 않았다는 사실을 단적으로 보여 준다. 참으로 놀라운 사실은 스스로 직장을 그만두는 사람들의 79퍼센트는 자신이 하는 일에 대해 제대로 인정받지 못하거나 회사와 관리자들이 고마워하지 않는 것이 퇴사의 주요 사유 중 하나라고 답했다는 것이다. 직장에 오래 머물 것이냐, 떠날 것이냐가 감사에 달려 있다니….

감사는
생산성을 증대시킨다

갤럽은 전 세계 백만 명의 직원들을 대상으로 한 연구와 인터뷰를 통해 직원들 사이에 감사의 소통 과정이 업무 참여도 향상에 핵심 요소 중

하나임을 밝혀냈다. 감사를 주고받는 직장에서는 직원들의 참여도가 향상되고 결석률이 줄어들며, 직장 내부에서의 도난과 업무상 사고가 감소한다고 했다. 뿐만 아니라 감사는 고객 서비스를 향상시키고 직원들의 이직률을 감소시키기 때문에 수익을 증가시키는 등 여러 가지 긍정적 혜택이 뒤따르는 것으로 보고되었다. 또 20만 명 이상의 직원을 대상으로 한 글로벌 연구에서도 직원들이 업무에 만족하는 데 있어 가장 중요한 요소는 감사를 느낄 때라고 대답했다.

좀 더 구체적인 유익들을 소개하는 『행복의 유익Happiness Advantage』의 저자이자 긍정적인 심리학자인 숀 에이커Shawn Achor는 사람들이 더 나은 생각과 행동으로 바꿀 수 있도록 매일 감사 실천을 장려하고 있다. 그의 연구에 따르면 감사 실천을 통해 생산성과 매출이 모두 37퍼센트씩 향상되고, 작업에 대한 정확도도 19퍼센트나 향상된다고 주장한다. 사람들은 스트레스를 받는 중에도 23퍼센트 정도 더 큰 에너지를 얻으며, 직원들의 승진 확률은 40퍼센트 더 높아진다고 한다. 또 학생, 영업 사원, CEO라도 상관없으며, 미국이나 유럽처럼 부유한 국가나 아프리카 같은 빈곤한 지역도 상관없이 감사를 키우는 습관이 모든 직장에서 유익하다는 사실을 강조하고 있다. 하지만 이렇게 많은 유익이 있는데도 직장 내에서 감사를 표현하는 것은 그리 흔한 일이 아니라는 점이 안타까울 뿐이다.

감사는
어떻게 직원들을 동기 부여하는가?

감사는 직원들이 하는 일을 인정함으로 동기를 부여하고 직원들이 자신의 업무에 대한 가치가 얼마나 큰지 느끼게 해 준다. 인정은 직원 개개인의 참여도를 높일 뿐 아니라 회사에 대한 충성도를 높여 준다. 이처럼 감사를 통한 인정은 개인적인 보상을 느끼게 하는 도구이자 회사가 원하는 문화를 직원들에게 강화시킬 수 있는 기회가 된다.

회사를 위해 일하는 사람들에게 "감사합니다"라고 말하는 것을 기억하는 매니저는 직원들이 더 열심히 일하도록 동기를 부여한다. 애덤 그랜트Adam Grant 박사의 연구팀에 의하면 직원 5명 중 4명이 상사나 고용주가 자신의 업무에 감사한다고 생각할 때 더 열심히 일해야겠다는 생각이 든다고 답했다. 펜실베이니아대학 와튼스쿨의 연구원들도 비슷한 결과를 발표했다. 무작위로 대학 기금 모금자들을 두 그룹으로 나누었다. 한 그룹은 동창들에게 항상 했던 것과 같은 방식으로 기부를 요청하는 전화를 걸었다. 두 번째 그룹은 연례 기부 담당자로부터 그들의 후원 모금에 대한 수고에 감사하다는 말과 함께 격려의 메시지를 받았다. 결과는 어떻게 되었을까? 한 주 동안 감사의 메시지를 들었던 기금 모금자들은 그렇지 않은 사람들보다 50퍼센트 더 많은 기금 모금 전화를 했다. 감사의 힘이 이렇게 크게 발휘된다니 믿기 어려울 정도다.

『감사의 재발견』에서도 감사가 동기를 부여한다는 사실에 대해 말하고 있다. 크리스티나 아르멘타Christina Armenta와 소냐 류보머스키Sonja Lyubomirsky는 감사가 고양감을 고취하고 자기계발의 동기를 부여한다고 주장한다. 그들은 대학생과 직장인 모두에게서 그 증거를 발견했다. 연구진은 6주간 실험에 참여한 대학생에게 감사 편지를 쓰거나 일상적인 사건을 열거하게 했다. 그 다음 학생 전원에게 자기 계발 활동의 일환으로 타인에게 친절을 베푸는 행위를 과제로 내주었다.

감사 표현 활동을 한 학생들은 고양감을 느꼈고, 그 결과 이타적 행위에 더 노력을 기울였다. 4주에 걸친 유사한 조사에서 연구자들은 회사 직원들에게 매주 감사 편지를 쓰라고 주문했다. 그 다음 직원들은 자기 계발의 일환으로 더 친절을 베풀고, 탁월성을 발휘하고, 건강을 챙기라는 과제를 받았다. 또 다른 집단에 속한 직원들은 매주 일상 활동을 열거한 후 일반적인 자기 계발에 매진하라는 과제를 받았다. 모든 직원이 어떤 단계를 밟을지는 자유롭게 선택할 수 있었다.

감사 편지를 쓴 직원은 매주 일상을 열거한 직원보다 더 나은 사람이 되려는 감동과 고양감을 더 많이 느꼈다. 이는 조사 말미에 직장 내 생산성과 자율성의 증가로 나타났다. 고양감은 우리를 더 건강하게 하고 너그러운 사람이 되게 할 뿐 아니라 더 생산적인 직장인이 되게 한다.

감사는
관리 능력과 팀워크를 향상시킨다

에먼스 박사는 자신의 연구를 통해 "감사는 관리 능력을 향상시킨다. 직장에서 감사를 실천하면 보다 효율적인 관리자나 리더가 될 수 있다. 감사는 네트워크를 확장하고 직원들과의 신뢰도를 높이며 고객 유지를 향상시키는 데 특히 유용하다"고 주장한다. 즉 감사 실천은 직원들을 유능한 리더로 만들어 준다. 리더가 감사를 실천할 때 협업하는 데 큰 도움이 되며 의사 결정 능력과 생산성을 증가시킨다. 또한 감사하는 리더들은 팀 구성원과 의사소통을 잘하며, 그룹 응집력을 높이고 멘토와 멘티를 더 잘 찾게 만든다. 또한 자신의 경력 목표를 달성하고 직장을 더 친절하고 즐겁게 일하는 장소가 되도록 이끈다.

뿐만 아니라 감사는 개인적으로는 자존감을 높여 주고 대인 관계의 질을 향상시킨다. 애덤 그랜트와 프란체스카 지노Francesca Gino 교수는 사회적 상호 의존과 관련된 실험에서 감사의 효과를 조사했는데, 감사가 자존감과 신뢰감을 증가시킨다는 사실을 발견했다. 세라 앨고 박사도 직장에서 감사를 표하는 것은 대인 관계 결합을 구축하고 친밀감과 유대감을 느끼게 만드는 아주 중요한 행동이라고 말한다. 이처럼 직장 동료 간의 우정은 더 나은 업무 관계를 구축할 뿐만 아니라 건강하고 긍정적인 업무 환경을 조성한다.

감사는
고객 관계를 향상시킨다

리더들이 고객을 담당하는 직원들에게 인정과 감사를 표현하도록 권장하면 직원과 고객과의 관계가 향상된다. 감사는 고객 만족도와 고객 유지, 그리고 평생 고객으로 유치하는 파급 효과를 만들어낸다. 인적 관리 전문가들의 91퍼센트는 직원 참여와 고객 서비스의 우수성 사이에 긴밀한 관계가 있다고 말한다.

인적 자원 관리 소프트웨어 업체 글로보포스Globoforce는 사내에 '직원 인정 프로그램'이 있는 회사는 고객 보유 능력과 고객 만족도가 훨씬 높다고 보고했다. 여기서 '직원 인정'이란 직원 스스로가 조직에 기여한다고 느끼면서 조직이 그들에게 감사하고 있다는 사실을 알도록 하는 것이다. 그런데 직원에 대해 인정해 주는 것을 단지 한 번의 이벤트로 끝내지 말고 지속적인 프로그램으로 제도화하는 것이 중요하다. 이를 통해 감사하는 조직 문화가 만들어지면 구성원들의 일에 대한 참여도가 높아지고 높은 성과를 창출해 낼 뿐 아니라 잠재력 있는 인재를 획득하게 된다.

직원들의 행복 연료는
감사다

글로보포스의 조사에 참여한 86퍼센트의 사람들은 직장에서 인정을 받은 후에 더 행복하고 자랑스럽다고 답했고, 85퍼센트는 인정은 자신의 직업에 대해 더 만족하게 만든다고 답했다. 이와 비슷하게 존 템플턴 재단의 감사 연구에 참여한 88퍼센트의 사람들은 "동료들에게 감사를 표하는 것이 더 행복하고 성취감을 느끼게 한다"고 말했다. 이처럼 감사는 스트레스가 많은 작업 환경을 행복한 일터로 만들고 행복한 직장인으로 만드는 데 큰 역할을 한다.

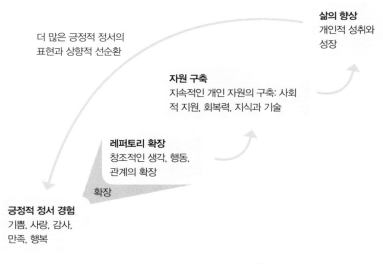

프레드릭슨의 긍정적 정서의 확장 구축 이론

프레드릭슨의
긍정적 정서의 확장과 구축 이론

지금까지 감사가 직장생활에 어떤 유익을 가져다주는지 살펴보았는데, 바버라 프레드릭슨Barbara Fredrickson 박사의 연구를 통해 다시 한 번 확인해 보자. 프레드릭슨 박사는 긍정심리학 분야에서 가장 영향력 있는 학자이자 '긍정 정서' 연구의 최고 권위자로서 '긍정 감정의 확장과 구축 이론'의 틀을 마련하기도 했다.

그녀의 연구를 한눈에 보여주는 옆의 도표를 살펴보자. 첫째로 긍정적 정서는 사랑이나 행복, 기쁨, 만족 등을 통해 우리의 기분을 좋게 만들어 준다. 둘째로 이 감정은 창조적인 생각과 행동과 관계를 확장시켜 준다. 셋째로 개인의 자산이 되는 사회적 지원과 지식과 기술을 구축시켜 줄 뿐 아니라 회복탄력성을 높여 준다. 마지막으로 이 긍정적 정서는 건강을 비롯한 삶의 향상을 가져올 뿐 아니라 과업에 대한 성취와 만족감을 높여 줌으로써 미래의 번영으로 이끌어 준다.

이처럼 긍정적 정서는 지속적으로 확장되고 구축되는 상향적 선순환의 고리를 만들면서 개인의 행복을 지속적으로 증가시킨다. 그런데 행복이나 기쁨과 같은 긍정적 정서를 높이는 탁월한 방법이 바로 '감사'라는 사실을 이미 앞에서 배웠다. 진정으로 우리가 사업이나 직장생활에서 성공하고 싶다면 매일 축복을 셈하고 감사를 습관으로 만들어야 하지 않겠는가?

감사 나눔 운동과
감사 경영

20여 년간 감사 나눔 운동을 이끌어 온 참행복나눔의 손욱 대표를 만나 감사 운동에 대한 이야기를 들었다. 국내의 감사 나눔 운동은 기업체를 중심으로 혁신 활동의 일환으로 포스코, 포스코 ICT, 삼성생명, 교보생명 등에서 시행한 결과, 직원 간에 소통이 원활해지고 서로 배려하는 분위기를 조성하는 데 큰 기여를 했다. 이런 조직의 변화로 인해 업무효율이 향상되고 제품 불량률이 감소되는 등 실제로 획기적인 성과를 거두었다. 무엇보다 직원들의 가정이 행복해지니 얼굴 표정이 밝아지고 긍정 마인드로 인해 일터가 신바람 나고 행복해졌다고 입을 모았다.

이뿐 아니라 현장에서 불평과 불만이 몰라보게 감소 되었고, 반면에 긍정 언어 사용이 현저하게 증가했다. 아픈 사람은 치유의 기적을 경험하기도 했고, 일터가 즐거워졌다는 평가가 주를 이뤘다. 결론적으로 직원들의 애사심이 증대되고 사원들의 행복도가 증진되자 가족 간의 관계도 좋아지게 되었다.

그 중 포스코 정준양 회장의 사례를 통해 감사 경영이 회장이나 사장 등 리더부터 시작해야 제대로 효과가 나타난다는 사실도 강조했다. '감사 경영'이란 직원이 하는 작은 일에도 감사하고 서로에게 고마운 마음을 표현하는 조직 문화다. 정 회장은 하루 3회 이상 직접 직원들에게 감사 전화를 했고, 조봉래 포항제철소장은 사내 SNS를 통해 매일 2~3회 감사 메시지를 발송했다고 하니 그들의 열정과 수고에 고개가 숙여진다.

직장에서의 감사, 어떻게 할까?

위에서 살펴본 것처럼 직장에서 감사 실천이 잘 이루어지면 직장과 직원 모두에게 커다란 유익이 돌아간다는 사실을 알 수 있다. 직장에서의 감사 실천은 리더부터 시작하는 것이 바람직하다. 리더가 회사나 직장의 수익을 높이기 위해서 감사를 도구로 사용하는 것보다 감사의 실천이 직원 개개인의 행복과 유익을 위한 것임을 기억하면서 시작하는 것이 좋다. 그렇게 될 때 감사의 효과가 더 크게 나타나기 때문이다.

또 직원들에게 강요하여 억지로 하는 감사가 아니라 자발적으로 감사의 삶을 살도록 동기를 부여하고 격려하며, 결과적으로 전보다 더 행복한 직장이 되도록 함께 노력하는 것이 효과적이다. 수직적 감사란 상사가 부하 직원에게 하는 감사 표현이고 수평적 감사는 직원들 서로 간에 하는 감사를 말한다. 그런데 수직적 감사나 수평적 감사는 모두 쌍방통행이 되도록 하는 것이 최선이다.

게리 채프먼 박사는 『5가지 사랑의 언어』를 기반으로 폴 화이트Paul White 박사와 함께 『직장에서 필요한 감사의 5가지 언어The 5 Languages of Appreciation in the Workplace』를 저술했다. 본서에서는 직장 환경을 보다 격려하고 생산적인 분위기를 조성하기 위해 실용적인 단계를 다음과 같이 처방해 준다. 리더가 직원들에게 감사를 표현할 때 채프먼 박사의 다섯 가지 사랑의 언어에 기초한 감사를 전달하면 매우 효과적인 감사가 될 것이다.

① 인정하는 말: 직원들의 성취나 장점, 성격 특성에 대해 진심을 담아 개인적으로나 직원들 앞에서 또는 글로 써서 감사를 표현하자.

② 함께하는 시간: 직원들이나 동료들과 대화할 때는 집중해서 경청하며 의미 있는 대화를 나누고, 개인적으로나 소그룹으로 의미 있는 경험을 할 수 있도록 기회를 만들자.

③ 봉사: 도울 일이 있는지 물어보자. 도와달라고 하면 당신의 방식이 아니라 그 사람이 원하는 방식으로 도와주자. 기분 좋은 마음으로 돕고 있는지 당신의 태도도 살펴보자. 그리고 시작한 일을 잘 마무리해 주자.

④ 선물: 음악이나 연극 공연, 극장이나 스포츠 관람권, 또는 음료나 음식 같은 선물의 기프티콘 등을 통해 감사를 표현해 보자.

⑤ 육체적 접촉: 이 부분은 아주 민감한 사항임을 먼저 기억해야 한다. 성적인 불쾌감을 주는 일체의 부적절한 터치를 피하면서 감사의 악수하기, 가볍게 등 두드려 주기, 하이파이브하기, 가벼운 포옹하기 등으로 감사를 표현해 보자.

감사의 걸림돌: 높은 기대치나 다른 사람들의 감사를 기대하는 것

우리는 나름대로 기대를 갖고 산다. 사랑하는 사람들에게 갖는 기대, 부모에게 갖는 기대, 배우자에게 갖는 기대, 자녀들에게 갖는 기대, 동료에게 갖는 기대, 회사에 거는 기대 등이다. 적절한 기대는 목적 달성에 도움이 되고 성취에 대한 동기를 부여한다. 하지만 지나치게 높은 기대는 문제가 된다. 자신이 갖고 있는 기대에 미치지 못하면 서운함, 원망, 분노, 실망감, 좌절감 등을 안겨 준다. 기대가 없었다면 그런 마음도 생기지 않았을 텐데 기대가 큰만큼 생기는 부작용도 늘어난다. 이는 자신과 상대 모두에게 도움이 되지 않는다. 자신이 세워놓은 기대에 미치지 못하면 감사할 수 없기 때문이다. 상대방에게 아무것도 기대하지 않는다면 작은 친절을 받아도 감사한 마음이 클 것이다. 그러므로 기대치를 낮추거나 조정하면 감사가 훨씬 쉬워진다는 사실을 기억해야 한다.

직장에 갖는 기대나 동료들에게 갖는 기대도 마찬가지다. 감사를 표현하면서 경험하는 일 중 하나는, 자신은 감사를 잘 표현하는데, 상대방이 그렇게 하고 있지 않을 때 실망스럽거나 화가 날 수 있다는 것이다. 또 '저 사람은 왜 감사를 표현하지 않는가? 저 사람 사랑받기 힘들겠네'라는 식의 판단보다는 '누가 가르쳐 주지 않았으니 모를 수 있지'라고 이해하는 마음을 가지라는 것이다. 왜냐하면 부정적인 감정을 갖게 되면 당신의 감사 생활에 방해가 되기 때문이다. 우리의 기대치가 낮으면 낮을수록 그만큼 감사의 마음이 커진다는 사실을 잊지 말라.

다른 사람에 대해 갖는 나의 기대치는 어느 정도인지 아래 그래프를 통해 점검해 보자.

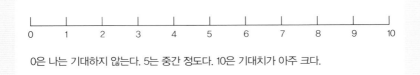

0은 나는 기대하지 않는다. 5는 중간 정도다. 10은 기대치가 아주 크다.

행동하면 커지는 감사

"감사하다"고 표현하기

직장 동료들의 친절이나 도움, 잘한 일에 대해 보다 자주 "감사하다"고 표현하자. 『감사의 재발견』에서 앨릭스 스프링어 Alex Springer 와 제이슨 마시 Jason Marsh 는 많은 사람이 고마운 대상에게 실제로 입을 열어 고맙다고 말했을 때 더 긍정적인 효과가 있었다고 발표했다. 감사를 게시판에 올리는 것과 실제 입 밖으로 말하는 것은 다르다. 실제로 감사하다고 말했을 때에는 "종일 환한 기분이 들었다"라고 말한 사람이 훨씬 많았다.

감사 메시지 전해 주기

직장 동료나 친구 혹은 감사한 사람에게 손으로 쓴 감사 메모지를 남기거나 감사 메시지를 보내자. 감사 메모는 손으로 쓸 것을 추천한다. 손으로 쓰는 감사 메모나 카드는 쓰는 사람과 받는 사람 모두에게 혜택을 제공한다. 타이핑한 것보다 종이나 카드에 손으로 쓰는 것은 뇌 신경의 감사 회로를 더욱 강화시킨다. 똑같은 방법으로 손으로 쓴 메모를 받는 사람은 컴퓨터로 작성한 이메일 메시지보다 훨씬 더 개인적으로 받아들이기 때문에 깊은 친밀감을 느끼게 된다.

감사 산책

마이애미대학 심리학 교수인 마이클 맥컬러프 교수는 "잠깐 멈춰서서 우리에게 주어진 감사함을 생각해 보는 순간 당신의 감정 시스템은 이미 두려움에서 탈출해 아주 좋은 상태로 이동하고 있는 것"이라고 말한다. 마치 승리에 도취된 감정을 느낄 때와 유사한 감정의 선순환을 만든다는 것이다. 『감사로 하루 시작하기*Wake Up Grateful*』의 저자 크리스티 넬슨Kristi Nelson 여사는 감사를 하려면 다음 3단계를 기억하면서 실천하라고 조언한다.

감사 산책, 이렇게 하라

- Stop: 잠깐 멈춰라
- Look: 주위를 둘러보며 무엇이 감사한지를 생각하고 음미하라
- Go: 그리고 가라

스트레스를 극복하는 좋은 방법은 바로 운동이다. 운동이 건강에 좋다는 이야기는 너무 많이 들어서 그냥 흘려듣기 쉽다. 규칙적인 운동은 스트레스 관리에 탁월한 방법 중 하나다. 만약 햇볕을 쬐면서 운동한다면 더 높은 효과를 기대할 수 있다. 그것도 산이나 들, 호숫가나 바닷가, 푸른 나무들이 있는 자연 속에서 걸을 수 있다면 효과는 더욱 커진다.

마크 버먼Marc Berman 교수는 사람들이 자연에서 50분간 걸은 후와 도시에서 50분 걸은 후에 기억력 검사를 해 보았는데, 자연 속에서 걸었던 사람들은 단기 기억력에서 20퍼센트가 향상된 것으로 나타났다. 도시에서 걸을 때는 자연에서 걸을 때처럼 마음이 안정되거나 자연과의 유대감이 없기 때문이라고 한다. 스티븐 캐플런Stephen Kaplan 교수도 "자연에서 우리의 마음은 자유롭고 풍요로워지므로 새로운 활력을 얻게 된다. 우리가 자연 속에 있을 때 마음이 느긋해지고 격한 감정에 휩싸이지 않으며, 깊은 생각을 하게 된다. 머릿속이 복잡해 너무 많은 방향으로 마음이 좌충우돌하거나 과도하게 집중하게 되면 우리의 뇌는 고갈 상태가 된다"고 말한다.

레이첼 캐플런Rachel Kaplan 박사는 미시건대학에서 심리학을 가르치다 은퇴한 명예교수인데, 그녀는 '몸과 마음을 회복시키는 데 자연이 좋다'는 사실을 연구했다. 초기 연구에서는 사무실 창가에서 나무나 자연 경관이 보이는 사람들은 그렇지 못한 사람들에 비해 건강하고 자기 일을 더 좋아하며, 삶에 대한 만족도가 높다는 사실을 발견했다. 그녀는 연구를 토대로 "자연은 스트레스를 줄여 주고 집중력을 높여 준다"고 주장한다. 그뿐 아니라 자연은 창의력도 높여 준다. 필자도 캐플런 박사의 주장에 백 퍼센트 동의한다. 숲속 산책을 하면 누구나 정신이 맑아지고 기분이 좋아지며, 온 우주 속에 안겨 있는 행복한 자신을 발견하는 경험을 하기 때문이다.

그러므로 감사 산책을 할 때 가능하면 다른 일을 하지 않는 것이 좋다. 스마트폰도 잠깐 꺼두고 그냥 그 시간에 집중해야 한다. 그러니까 '마인드풀니스mindfulness'을 실천하는 것이다. 마인드풀니스란 '이 순간에 머무르기'라는 뜻인데, 우리말로는 '마음 챙김'이라고 번역한다. 마음 챙김 명상의 시작이 불교에서 비롯되었다는 생각 때문에 이를 거부하는 사람들도 종종 있다. 이런 선입견 때문에 필자는 마음 챙김이라는 용어보다 마인드풀니스란 말을 사용한다.

분명한 것은 존 카바트 진Jon Kabat-Zinn 박사에 의해 고안된 이 마인드풀니스에 근거한 스트레스 완화MBSR: Mindfulness-Based Stress Reduction 프로그램은 불교 프로그램이 아니라 그 효과가 과학적으로 증명된 심리 프로그램이라는 것이다. 이 프로그램은 1979년 매사추세츠대학에서 시작되어 지난 40년 동안 미국 주류 사회에 진입한 후 수천 건의 연구를 통해 신체적으로나 정신 건강상 유익이 많다는 사실을 입증했다. 현재 학교나 회사, 교도소와 병원, 재향군인센터 등에서 널리 활용되고 있다. 오해가 없기를 바란다.

다시 말하지만 마인드풀니스는 이 순간에 머무르는 것으로 우리 머릿속을 헤집고 다니는 복잡한 생각들이나 과거나 미래에 대한 생각을 중단하고, 대신 현재 자신의 신체적 상태나 호흡에 집중하는 것이다. 또 보이는 것, 들리는 소리, 느껴지는 것, 코끝에 전해 오는 냄새와 같은 감 각기관에 집중하는 것이다. 이때 중요한 것은 그 순간에 감지되는 생각 이나 감정을 있는 그대로 수용하면서 판단하지 않는 것이다. 이런 의미 에서 마음 챙김은 어느 특정 종교의 전유물이 아니라 스트레스 속에 살 아가는 현대인들을 이롭게 하는 정신 건강 유지를 위한 과학적인 방법 중 하나로 볼 수 있다.

이와 같은 마인드풀니스를 실천하므로 마음이 정돈되면 부정적인 감 정이나 불안감, 스트레스가 줄어드는 것을 경험하게 된다. 평정심을 찾 게 된다. 피곤도 풀리고 기분도 좋아진다.

미래나 과거 생각으로 가득 찬 뇌, 스트레스로 가득한 뇌에 쉼을 주기 위해 마인드풀니스의 실천을 집에서도 할 수 있다. 아침 식사 때 오븐에 서 막 나온 계피 향 나는 빵을 입에 넣자마자 사르르 신맛과 단맛이 절 묘하게 어우러진 빨간 딸기 향에 금세 입에 군침이 돈다. 진한 커피 향 이 코를 자극하는 순간의 쾌락과 아침 인사를 나누는 서양란의 아름다 움을 음미하면서 감탄하는 것, 이 모두가 마인드풀니스다.

자, 그럼 밖으로 나가 크리스티 넬슨의 'Stop, Look, and Go'를 기억 하며 마인드풀니스를 실천해 보자. 파란 하늘을 바라보고 뭉게구름도 쳐다보고 지나가는 바람이 뺨을 스치는 것도 느껴보자. 깊게 숨을 들이 쉬며 맑은 공기를 코로 들이마시자. 지나가며 만나는 나무나 아름다운 꽃들, 작은 들꽃이나 풀에게 눈길을 주자. 초록의 나뭇잎 색깔이 각각 다르고, 모든 나무의 생김새도 다르고, 모양도 모두 다름을 보고 경탄하게 될 것이다. 이렇게 걷다 보면 전에는 보지 못했던 것들을 보게 될 것이다. 그리고 소리에도 귀 기울여 보자. 물소리, 바람 소리, 지저귀는 새소리, 동물의 울음소리도 들어보자. 장미꽃 향기도 맡아보자. 라일락이나 아카시아 꽃이 풍기는 향취에 취해 보자. 독특한 꽃향기나 풀 냄새도 맡아 보자. 자연 속에 파묻혀 호기심을 가지고 걷다 보면 새로운 발견을 하게 될 것이다. 무심코 평생 들이마신 공기도 죽을 만큼 고맙게 느껴질 것이다. 그리고 자연과 그 속에 있는 자신, 자연과 연결되어 있는 자신을 발견하게 될 것이다. 그러는 사이 가슴 깊은 곳으로부터 감사가 터져 나올 것이다.

다음은 내가 쓴 「자연이 선물이다」라는 제목의 졸시拙詩다. 자연의 아름다움이나 자연이 내게 주는 혜택들을 생각하거나 자연을 통해 깨달음을 갖게 되면 감사로 더 충만해지는 나 자신을 발견하게 된다. '멈춘다 Stop, 본다Look, 그리고 간다Go'에 맞추어서 쓴 자연에 대한 감사의 시다.

1.

해돋이 보려고

해를 향해 달려가다

해를 향해 멈춘다

눈부신 햇살이 자석처럼 날 끌어안는다

따스한 햇빛, 고마워

나를 치료하는 햇빛, 고마워

해와 달, 별을 품어 어두움 밝히는 하늘, 고마워
푸르른 가슴으로 내 답답함 풀어 주는 하늘, 고마워
요술쟁이 구름으로 내 꿈 부풀리는 하늘, 고마워
저녁 노을에 취해 사랑을 속삭이는 은빛 달, 고마워
어둠 속에 깜박이며 내일의 희망을 노래하는 별들, 고마워

2.

숲속에 들어서면
아침 인사 건네며
나를 반겨 노래하는 새들, 고마워
이름 모를 꽃들, 향기로워 고마워
나를 살리는 맑은 공기, 상쾌해서 고마워
내 뺨 간지럽히는 바람, 시원해서 고마워

3.

아무리 보아도 싫증 나지 않아, 좋은 나무야
새싹을 내야 할 때
무성한 잎과 가지를 낼 때
단풍으로 곱게 물들 때

벗은 나목으로 추위를 견딜 때

봄을 기다리며 눈 속에 파묻힐 때

말 없는 말로 우주의 섭리를 깨우쳐 주어 감사해

사계절 옷 네 벌로 만족하는 자족의 비밀을 알려 주어 감사해

비바람에 흔들려도 다시 일어서라고 온몸으로 응원하는 나무야, 감사해

그래서 나는

하늘 향해 두 팔 벌리고

터질 듯 충만한 감사를 다시 외친다

이 모든 것 선물로 주셔서

감사해요! 감사해요! 감사해요!

감사 근육 키우기: 자연이 선물이다

이번 주엔 자연에 대한 감사를 마음껏 실천해 보자. 가능하면 가까운 숲속으로 나가 보자. 자연으로 나갈 수 없다면 집이든, 가까운 공원이나 호숫가든, 아파트 주변으로 나가 감사 호흡을 해 보자. 그리고 '공기가 없다면 어떻게 될까?' '바람이나 해가 없다면 무슨 일이 벌어질까?' '나무가 없다거나 꽃이 없다면 어떻게 될까?' 생각하면서 자연에게 '감사하다'라고 말해 보자. 그리고 자연에 대한 감사 일기를 써 보자.

PART
7

감사는 왜
돈 버는 전략인가?

이 세상에서 가장 부유한 사람은 누구인가?
자기가 가진 것에 만족하며 감사하는 사람이다.

-탈무드

불평불만의 시대, 1,000가지 감사를 써 내려간 사람이 있다. 하루에 감사 10개씩 쓰는 감사 일기를 10년 이상 써 온 천지 세무법인의 박점식 회장이다. 감사를 실천하는 그의 삶은 「생로병사의 비밀」이란 TV 프로그램과 여러 미디어를 통해 널리 알려지면서 귀감이 되고 있다. 그의 감사 실력은 보통 사람이 도저히 따라갈 수 없는 경지에 이르렀다.

유복자로 태어난 박 회장은 고생하면서 자신을 키워 준 어머니에 대한 사랑이 남달랐다. 청상과부였던 박 회장의 어머니는 다섯 살 된 아들을 데리고 흑산도로 들어갔다. 남의 집 품팔이와 뻘밭 일을 하면서 혼자 외아들을 키웠다. 여자 혼자 집안 살림을 꾸리고 아이를 키운다는 것은 예나 지금이나 쉽지 않은 일이다. 그 와중에도 어머니는 어린 아들이 마음의 상처를 입지 않도록 애를 썼다. 어려운 환경 속에서 성장한 박 회장은 주경야독으로 고졸 직공이 되었고, 마침내 중견 세무법인을 세우게 되었다.

모진 시련 속에서 자신을 키워 준 어머니가 치매에 걸리자 박 회장은 돌아가시기 전 천 가지 감사를 써서 바치겠다고 생각하면서 약 700여 통의 감사 편지를 썼지만, 어머니의 소천으로 목표를 달성하지 못했다고 한다. 장례를 마친 후 천 가지 감사를 완성하여 『어머니』(올림, 2014)라는 책을 발간했다. 어머니에게 쓴 천 가지 감사는 생각할수록 감동스럽다. 필자는 어머니에 대한 백 가지 감사 쓰기도 쉽지 않았는데, 어떻게 가능했을까? 아마도 그는 천 가지 감사를 쓰기 위해 기회가 나는 대로 어머니의 일거수일투족을 놓치지 않고 세심히 관찰하고 회상하면서 감사한 일들을 생각해 냈을 것이다.

박 회장은 어머니에 대한 감사뿐 아니라 아내와 자녀들, 친구들과 직원 한 명 한 명을 생각하면서 감사 노트를 썼다. 그러면서 남들이 나를 위해 애썼는데 내가 미처 몰랐던 부분이 많다는 걸 새삼 알게 되었다고 고백한다. 그도 아들을 애틋하게 키웠다. 아들은 2세 때 희귀병인 근위축증 진단을 받았는데, 아들에게 감사하며 좋은 아버지가 되어 주고 있는지 반성하게 되었다고 한다. 무엇보다 늘 아들을 업어서 등하교시키느라 쉰 살이 되기도 전에 양쪽 무릎 연골이 모두 상한 아내에게는 미안하고 감사하다고 썼다. 아내 또한 "저 혼자 감내했다고 생각했는데, 남편이 모두 알고 있었다는 걸 알고 그간의 감정이 눈 녹듯 사라져 신기하고 행복했습니다. 온 가족이 더욱 화목하게 되어 지금은 감사합니다"라고 고백했다.

박 회장은 한때 회사가 어려움을 겪었을 때 감사 경영을 도입했다. 감사 일기 쓰기의 효과를 직접 경험한 그는 회사 직원들에게도 감사 일기를 소개하고 이를 격려하기 시작했다. 시간이 지나면서 전 직원이 각자 감사 노트를 쓰게 되었고, 차츰 회사 분위기가 달라졌다. 한 여직원은 "일과 육아로 지쳤을 때 남편을 위해 감사 노트를 쓰다 보니 부부 관계가 좋아졌습니다"고 했다. 박 회장은 이에 대해 다음과 같이 말한다.

> 감사한 일을 하나씩 적다 보면 저절로 지난날을 돌아보게 됩니다. 자기를 성찰하고 상대방을 이해하면, 그 마음이 상대방에게 전해져 자연스럽게 관계가 변하고 일도 잘 되는 것이지요. 또 감사 일기 쓰기를 통해 자존감이 높아지고 긍정적인 마인드로 무장한 직원들이 탁월한 능력을 발휘하여 고객에게 적극적으로 다가가 유익한 정보를 제공하고 친절하게 서비스를 하게 되자 고객들의 감사와 칭찬의 글이 회사 사이트에 올라오기 시작했습니다. 감사 일기 쓰기를 통해 회사 분위기가 바뀐 결과였지요.

박 회장은 감사 경영으로 회사를 회생시키고 재정적인 안정을 넘어 번영을 누리게 되었다. 디트리히 본회퍼Dietrich Bonhoeffer가 "사람은 감사를 통해 부자가 된다"는 말은 옳다. 현재 박 회장은 자신의 감사 실천을 다른 사람에게 전수하는 감사 전도사로도 활약하고 있다. 뿐만 아니라 아름다운 기부를 통해 세상을 보다 밝고 아름답게 만드는 데 기여하고 있다.

감사는
돈에 대한 사고방식을 바꾼다

전문가들은 감사가 돈에 대한 사고방식에 영향을 끼친다고 말한다. 대부분 사람들은 자신이 가지고 있지 않은 것에 초점을 맞추기 십상이다. 모든 사람이 더 많은 돈을 벌고, 더 큰 집이나 훌륭한 직업을 갖고 싶어 한다. 그런데 우리가 가지고 있지 않은 것에 초점을 맞추다 보면 종종 우울증이나 두려움 또는 분노의 덫에 걸려들기 쉽다. 뿐만 아니라 부족한 것에 초점을 맞추면 질투라는 감정이 찾아오게 된다. 그러면 자신이 소유하고 있는 것이나 주변의 모든 좋은 것들을 볼 수 있는 기회를 놓치게 된다. 반면 우리가 가지고 있는 것에 감사하기 시작하면 정신적으로 긍정적인 변화를 경험하게 된다. 긍정적인 생각은 긍정적인 행동을 이끌어 내고 앞으로 나아갈 수 있도록 문을 열어 준다. 감사는 또한 지금 가지고 있는 것들에 대해 만족하는 자족의 삶으로 인도한다. 감사는 돈 버는 방법이나 저축하는 방법, 지출하는 방법 등 재정 관리에 전반적인 영향을 끼치기 때문에 돈에 대한 생각을 완전히 바꿔 놓을 수 있다.

감사는
소비를 감소시킨다

베일러대학 제임스 로버츠 James A. Roberts 박사의 연구팀을 비롯한 여러 연구에서 물질 우선주의로 사는 사람들은 일반적으로 인간관계나 삶에 대해 만족감이 덜하다는 사실을 밝혀냈다. 그럼에도 심리적 공허감을 채우고 찰나적인 행복을 맛보기 위해 보석이나 최고급 신발과 명품 가방 그리고 값비싼 옷을 사기 위해 많은 지출을 한다. 더군다나 매일 우리가 마주하는 미디어의 광고주들은 우리를 행복하게 만들어 줄 것만 같은 가장 최신의 좋은 제품을 구입하도록 끊임없이 유혹하고 있다.

다만 자신이 갖고 싶어 하는 새로운 물건을 구입했을 때에는 감정이 고조되어 잠시 행복감을 누리지만, 그 행복감은 그리 오래가지 못한다는 것이 연구 결과다. 맹목적으로 더 많은 물건을 사는 사람들은 잠시 지나면 그 물건에 익숙해지게 되고 처음 샀을 때만큼의 행복감을 경험할 수 없다. 처음 고화질의 TV를 사거나 새로운 스피커 시스템을 구입했을 때 최신의 높은 기술력에 탄복하면서 감동하지만, 시간이 조금 지나고 나면 그 아름다운 음색을 더 이상 느끼지 못한다. 오랫동안 꿈에 그리던 차를 샀을 때도 마찬가지다. 새 차가 주는 만족감도 그리 오래가지 않기 때문이다.

하지만 감사를 실천하게 되면 지금 소유하고 있는 것만으로도 충분하다는 생각이 들어 불필요한 지출을 막을 수 있다. 감사는 충동 구매를 조장하는 광고로부터 우리를 보호해 주기 때문에 지출이 줄어들게 만든다. 또 이미 가진 것에 감사하게 되면 TV나 스피커를 켜면서부터 주의를 기울이게 되고 경이로운 색상과 사운드를 즐길 수 있게 된다.

오늘 당신이 매우 기분 나쁜 상태에 있다고 상상해 보라. 최근에 당신이 끝낸 프로젝트를 직장 상사가 달가워하지 않는다는 사실을 알게 되었다. 게다가 당신이 좋아하는 사람에게 문자를 보냈는데 한참 지나도 답이 오질 않는다. 엎친 데 덮친 격으로 친구들은 승진을 축하하거나 목표를 달성한 후 축하 파티를 즐기고 있다. 약혼을 하거나 결혼을 준비하는 친구들도 있다. 이처럼 기분이 엉망인 날에는 순간적으로나마 기분을 풀어주고 좋아지게 하는 즉석 치료라도 받고 싶은 충동이 든다. 그래서 진짜 필요하지도 않은 제품을 인터넷 쇼핑몰에서 몇 개씩 구입하고, 배달 음식을 주문한 후 넷플릭스를 클릭해서 드라마 시청으로 참담한 심정을 달래 보려 한다. 하지만 이러한 시도는 당신의 생각과 달리 상황을 더욱 악화시킨다. 과다 지출과 과식으로 인해 당신의 기분이 더 엉망이 되기 때문이다. 이런 기분이 들 때 만약 감사한 일들을 생각해 본다면 어떻게 되었을까?

감사를 실천하면 '늘 부족해' 혹은 '충분하지 않아'라는 생각 때문에 더 사고 싶은 소비 심리에서 벗어날 수 있다. 지금 당장 실험해 보자. 메모장에 지금 그 물건이 없으면 살 수 없다고 생각되는 목록들을 적어 보자. 시간이 조금 지난 후 다시 생각해 보면 굳이 그 물건이 없어도 사는 데 지장이 없다는 사실을 깨닫게 될 것이다. 즉 적어둔 목록 중에 불필요한 물건들이 많다는 사실을 발견하게 된다. 이처럼 우리가 가지고 있지 않은 물건에 집중하게 되면 그 공백을 채우기 위해 더 많은 지출을 하게 될 가능성이 높다. 하지만 감사는 충동적인 재정 지출을 피하고 저축을 하거나 더 나은 장기적인 결정을 내리는 데 유용한 도구가 된다.

감사는
저축을 증가시킨다

회계사이자 재정 기획 전문가이면서 '성공과 번영의 삶'에 관한 강사로 널리 알려진 엘렌 로진Ellen Rogin과 리사 큉Lisa Kueng은 베스트셀러『번영을 꿈꾸라Picture Your Prosperity』의 공동 저자다. 그들은 앞서 언급한 것처럼 물질 우선주의나 낮은 수준의 행복감을 경험하는 사람들은 충동 구매를 할 가능성이 높다는 말에 동의한다. 그들은 감사에 집중함으로써 자부심과 낙관론 수준을 높여 주므로 더 높은 소득을 올리게 된다고 주장한다. 뿐만 아니라 돈을 적게 지출하고 더 많은 돈을 저축함으로 재정적 번영을 누릴 수 있다고 말한다.

2014년에 노스이스턴 대학과 캘리포니아 리버사이드대학 그리고 하버드 케네디대학원 연구팀들은 감사가 돈에 관해 인내심을 갖게 해 준다는 사실을 발견했다. 연구에 참가한 사람들에게 54달러를 즉시 받든지, 아니면 30일 후에 80달러를 받든지 선택하도록 했다. 그런데 감사함을 느끼는 사람들은 더 큰 자제력을 발휘하여 더 많은 액수인 80달러를 받기 위해 한 달을 기다렸다. 이처럼 감사를 통해 자신의 즉흥적인 감정을 통제하고 인내하는 것은 저축과 부를 쌓는 데 중요한 요소가 된다.

감사는
관대함과 친절로 이끈다

감사에 대한 연구자들은 감사 실천이 사람들로 하여금 돈을 저축하거나 누군가와 나누거나 좋은 일을 위해 사용하도록 동기를 부여한다고 주장한다. 연구를 통해 사람들이 돈을 이타적으로 쓸 때 잘 쓰는 것이라는 결과가 나왔기 때문이다. 미국심리학협회의 한 기사에 따르면 감사는 사람들을 보다 관대하게 만들어 준다고 한다. 「케임브리지 사전」에서는 '관대함'이란 '대가를 바라지 않고 후원하거나 도움을 주는 친절한 행동'이라고 정의한다. 감사하는 사람들은 그렇지 않은 사람보다 관대함의 특성이 더 크다는 것이다. 연구에서 밝혀진 것처럼 감사를 실천하는 사람들은 돈이나 도움을 줄 사람이 아는 사람이든 낯선 사람이든 상관없이 다른 사람보다 더 많은 돈을 나누고 있었다.

운동선수이자 정치 활동가 겸 강연자로 활동하는 크리스토퍼 버글랜드Christopher Bergland는 "깊이 감사를 표현하면 그것은 친절함으로 되돌아오고 관대함으로 보상해 준다"라는 말을 했다. 이 말은 감사와 관대함이 내부적으로 서로 연결되어 상호 작용을 하기 때문에 신경 생물학적인 면에서나 심리적으로 감사하는 자와 받는 자 모두에게 혜택을 준다는 뜻이다.

하버드대학 연구도 이 같은 사실을 뒷받침해 준다. 시간이나 돈을 기부한 사람들은 그렇지 않은 사람들에 비해 행복할 확률이 42퍼센트 더 높아진다고 한다. 심리학자들은 친절한 행동은 행복을 자극하는 흥분제로서 정서적 포만감, 즉 헬퍼스하이helper's high, 다른 이를 도울 때 느끼는 만족감를 고취시킨다는 사실을 확인했다. 친절한 행동을 한 후에는 뇌에서 엔돌핀의 분비가 촉진되므로 행복감이 증가하고 기분이 좋아진다고 한다. 그런 이유로 계속 호의를 베풀고 싶은 마음이 생기는 것이다.

서던캘리포니아대학의 뇌과학자인 안토니오 다마지오António Damásio 박사는 "감사와 신경계 사이의 상관 관계"라는 연구에서 선물을 줄 때 사람의 뇌에서는 어떤 일이 일어나는지 관찰했다. 그 결과, 감사는 관대함에 대하여 보상을 해 주고 친사회적 행동을 지속하도록 유도한다는 결론을 내렸다. 이런 면을 두고 앨고 박사도 "호의에 대하여 보답하거나 감사를 표현하는 것은 모든 관계에 다 유익하다"고 주장한 것이다. 이처럼 감사는 자신에게 호의를 베푼 사람에게 보답하도록 동기를 부여할 뿐 아니라 자신이 받은 호의나 친절을 다른 사람에게도 베풀도록 동기를 부여한다는 점에서 감사는 관대함과 이타주의로 계속 확장된다는 사실을 알 수 있다.

위의 연구들에서 '감사하는 사람은 종종 자신이 가진 시간과 돈 그리고 재능을 나누는 일에 더욱 관대해진다'는 사실을 확인했다. 하지만 이것은 전문가들의 연구가 아니라도 우리의 경험을 통해 쉽게 이해할 수 있다. 자신을 도와준 사람들에 대해 감사함을 느끼면 우리도 그 사람을 위해 무언가를 해 주고 싶은 마음이 생기기 때문이다. 그러니까 한 사람의 선행은 어떤 식으로든 그 사람에게로 다시 돌아간다. 뿐만 아니라 도움을 받았을 때 얼마나 고마웠는지 직접 경험했기 때문에 다른 사람에게도 도움을 주고 싶은 마음이 생긴다.

캘리포니아 버클리대학 연구팀은 친사회적인 성향을 가진 참가자들은 자신을 위해 가진 돈을 쓰기보다 자선 단체에 보낼 때 훨씬 높은 내적 보상을 받는다는 사실을 알게 되었다. 오리건대학의 신경과학자 크리스티나 칸스Christina Karns 박사와 그의 연구팀은 감사하는 두뇌 훈련을 하기 위해 실험을 했다. 연구팀은 참가자들의 감사 수준뿐만 아니라 이타주의에 관해서도 조사했다. 그리고 자선을 위해 쓴 돈과 자기 자신을 위해 돈을 사용한 결과가 뇌에 어떤 영향을 미치는지 알아보기 위해 뇌 정밀 촬영을 했다. 이때 더 많이 감사하고 이타적인 특성을 가진 참가자들의 뇌의 보상 영역이 활성화되고 더 강한 반응을 보였다는 사실을 알게 되었다.

그리고 3주가 지난 후 참가자들은 두 번째 뇌 스캔을 했다. 첫 번째 실험에서와 마찬가지로 대조군보다 감사 그룹의 뇌에서는 더 많은 변화가 있다는 사실을 알 수 있었다. 감사를 실천하는 그룹에서는 뇌의 보상 처리를 위한 핵심 지역인 전두엽 피질의 반응이 이타주의를 위해 돈을 사용할 때 증가되었고, 자신을 위해 돈을 쓴 대조군에서는 전두엽 피질의 반응이 감소했다.

필자는 한국 방문 기간에 오피스텔에서 머물렀다. 그때 한국은 역시 택배 천국이란 생각이 들었다. 각 오피스텔 입구에는 택배 박스가 즐비했다. 택배비도 저렴했고 먼 곳이든 가까운 곳이든 거의 이틀이면 택배가 도착했다. 엘리베이터나 오피스텔 복도에서 택배 아저씨들을 만날 때도 많았다. 많은 짐을 캐리어에 싣고 비지땀을 흘리는 모습이 종종 보였고, 늦은 시간에는 피곤에 지쳐 있는 모습도 볼 수 있었다. "많이 힘드시죠? 곧 퇴근해서 댁에 가셔서 쉬실 수 있는 시간이 오니 조금만 힘내세요!"라는 말 한마디 건네는데, 택배 아저씨의 얼굴이 환해졌다. 며칠 뒤 12월 21일자 「중앙일보」에 잔잔한 감동을 주는 기사 하나가 실렸다.

사회적 거리두기 강화로 택배 수요가 급증하면서 고생하는 택배 기사를 위해 따뜻한 마음을 전한 시민과 이에 감사를 표한 택배 기사의 사연이 공개돼 화제다. 지난 20일 YTN에 따르면 대구 달서구의 한 빌라 4층에 거주하고 있는 서 모 씨는 택배 기사들을 위해 복도에 간식 바구니를 뒀다. 바구니 안엔 주스와 물, 과자 등을 담았다. 이와 함께 '배송 기사님, 늘 수고해 주셔서 감사합니다. 필요한 만큼 가져가셔서 드세요'라는 내용이 담긴 쪽지도 붙였다. 서 씨는 신종 코로나바이러스감염증 확산 이후 택배 물량이 많아지면서 택배 기사들이 힘들어한다는 소식을 뉴스로 접하면서 1년 넘게 간식 바구니를 복도에 두고 있다. 서 씨는 YTN에 "코로나19가 시작되고 택배 물량이 많아져서 기사님들이 고생하신다는 기사를 봤다" 며 "우리 집은 엘리베이터가 없는 4층이라 죄송한 마음에 기사님들을 위한 음료 바구니를 만들었다"고 말했다.

최근 서 씨는 택배가 왔는지 확인하기 위해 현관 폐쇄회로 TV를 돌려보다가 놀랐다. CCTV 화면 속 택배 기사가 바구니에 있는 음료수를 하나

집어 들고 서 씨 현관문 쪽을 향해 고개를 숙여 인사를 했기 때문이다.

서 씨가 YTN에 보낸 영상에는 택배 기사가 집 앞까지 택배를 비대면으로 전달한 후 카메라를 향해 인사를 하는 모습이 포착됐다. 이 장면을 본 서 씨는 "작은 것에도 그렇게 마음을 표현하고 가시는 모습에 내가 더 감사한 마음이 들었다"라고 전했다. 택배 기사의 모습이 담긴 영상은 주요 포털 사이트에서 기사로 게재되어 화제를 모았다. 네티즌들은 "훈훈한 사연이다" "간식 바구니를 둔 것도 대단하고 감사 표현을 하는 기사님도 보기 좋다" "아직은 살 만한 세상" "작은 배려가 큰 감동으로 온다" 등의 반응을 보였다. 특히 영상 속 택배 기사의 형이라는 한 네티즌은 기사 댓글 창에 "고생하는 동생을 보면 마음이 좋지 않았는데, 이렇게 간식을 챙겨 주는 분도 계시니 동생만큼 저 또한 감사하다. 좋은 댓글 달아 주신 모든 분들도 항상 행복하시고 좋은 일만 있기를 기원한다"는 내용의 글을 남겨 눈길을 끌었다. 감사 표현에 감동 받은 택배 기사가 감사에 답하기 위해 카메라에 담은 인사는 서 씨를 감동케 했다.

이처럼 서 씨의 감사 표현은 택배 아저씨의 피곤을 풀어 주고 추운 날씨에 얼어붙은 마음과 몸을 따스하게 만들어 주었을 것이다. 그날 택배 아저씨는 큰 위로와 격려를 받았을 것이다. 또 되풀이되는 고된 일상 속에서 큰 힘과 용기를 얻지 않았을까? 이렇게 감사를 주고받은 두 사람은 서로를 인하여 얼마나 감사하고 행복했을까?

감사와 행복을 위한
지출 전략을 세워라

대의과학센터에서 저작과 편집을 맡고 있는 키라 뉴먼Kira Newman 박사는 돈을 쓸 때 감사와 행복을 가져오는 소비법 몇 가지를 다음과 같이 소개하고 있다.

경험을 위해 돈을 사용하라

물건 구매가 대체로 감사로 이어지지 않는다는 사실을 앞에서 이해했다. 토머스 길로비치Thomas Gilovich 교수의 연구 결과도 이 사실을 증명했다. 그는 인터뷰, 설문조사, 사람들의 논평을 종합적으로 분석한 결과, 대부분 사람들이 물건을 살 때보다 경험을 할 때 느끼는 감사의 정도가 더 크다는 결론을 내렸다. 그러므로 물건 구매 대신에 '경험을 위해 돈을 사용하는 것'이 현명하다고 조언한다.

경험을 위해 돈을 쓴다는 말은 기분 좋은 식당에서 좋아하는 사람과 식사를 하거나 영화나 연극 관람, 여행 등을 위해 돈을 쓴다는 말이다. 물건에 대해 감사하려고 노력할 때 문제점은 자신이 가진 것과 다른 사람이 가진 것을 비교하게 되지만, 경험은 비교가 필요 없다. 일반적으로 경험에서 감사를 느끼는 이유는 즐거움과 의미가 함께 포함되어 있는 경우가 많고 그때에 행복감을 느끼기 때문이다.

혼자보다 함께하는 경험에 돈을 쓰라

경험을 위해 돈을 쓴다 해도 혼자서 하는 경험은 함께하는 경험보다 못하다고 한다. 혼자서 먹는 식사보다 함께 먹는 식사, 나홀로 연극 관람보다 함께하는 연극 관람이 더 많은 즐거움을 준다. 외로움을 느낄 때 세상은 아름답게 보이지 않지만, 사랑하는 사람들이 함께할 때는 외로움 대신에 연대감을 느끼게 해 주기 때문이다. 길로비치 교수가 "경험은 물건이 하지 못하는 방식으로 자신을 타인과 연결해 준다. 이것이 경험의 이점이다"라고 말하는 이유다.

다른 사람들을 위해서 돈을 쓰라

하버드 경영대학원의 마이클 노턴Michael Norton 교수가 이끄는 연구에서 돈을 이타적으로 쓸 때 잘 쓰는 것이라는 결과를 발표했다. 브리티시 컬럼비아대학교에서 실시한 실험에서 캠퍼스를 걸어 다니는 사람들에게 5달러약 6,000원가 들어 있는 봉투를 무작위로 나누어 주었다. 그러면서 그 돈을 자신이나 타인을 위해 써 달라고 부탁했다. 마이클 교수에 의하면 자신을 위해 돈을 쓴 사람들은 아무 생각 없이 돈을 썼다. 반면 타인을 위해 돈을 쓴 사람들은 공짜로 주어진 돈을 어떻게 쓸 것인지 곰곰이 생각하고 썼으며, 그로 인해 특별한 경험을 했다고 보고했다. 돈이 특별하게 느껴졌고, 하루를 마무리할 때는 약간의 행복감을 느꼈다고 했다. 노턴 교수는 저개발 국가처럼 힘든 나라에서 사는 사람들에게도 그런 현상이 나타나는지 실험해 보았는데, 우간다에서 진행한 실험에서도 똑

같은 결과가 나왔다고 한다. 결론적으로 말하면 자신을 위해서 돈을 쓸 때보다 타인을 위해 돈을 쓸 때 더 큰 만족감을 느낀다는 것이다.

가치 있고 올바른 곳에 돈을 쓰라

엘리자베스 던Elizabeth Dunn과 마이클 노턴 교수에 따르면 2011년 감사에 대한 선행 연구에서 20달러의 돈을 자신이 알고 있는 사람에게 쓴 것과 모르는 사람에게 쓴 돈에 대해 기억해 보라는 과제를 연구 참가자들에게 주었다. 그들은 자신과 친밀한 사람에게 돈을 썼을 때 선명한 기억과 함께 기분이 훨씬 좋았다고 대답했다. 이 같은 연구는 특별히 후원 기관을 정할 때 더욱 기억할 사항이다. 어떤 자선단체를 후원하고 싶은지, 어떤 비영리기관을 돕고 싶은지 선택할 때 후원자들은 자신이 관심 있는 사람들에게 영향력을 크게 미치는 단체에 기부하고 싶어 하기 때문이다.

지난 20년간 필자는 패밀리터치를 운영하면서 많은 후원자들을 만났다. 그들 중 경제적으로 여유가 있어서 후원하는 분들도 있지만, 대부분 후원자들은 검소한 삶을 살면서 아낀 돈으로 우리 단체가 행복한 가정의 길잡이 역할을 다하길 바라면서 후원한다. 후원자들은 가치 있고, 자신을 대신하여 올바른 판단과 행동을 해 줄 사람과 단체에게 후원하면서 그 후원을 의미 있게 받아들이고 후원하는 자신에 대해서도 가치 있게 생각하는 것이다.

감사의 걸림돌: 물질주의

「옥스포드 영어사전OED」에 따르면 '물질주의'를 '정신적인 가치보다 부나 육신의 쾌락과 같은 물질적인 것을 더욱 강조하는 경향'이라고 정의한다. 뉴욕대학교 교수이자 소비와 소비문화 전문가인 존 벨크John Belk 박사는 물질주의를 '물질을 소유하려는 강한 욕망과 함께 물질을 삶의 중심에 두고 추구하려는 가치관'으로 정의했다. 또 그런 가치관 때문에 나타나는 부작용으로 타인이 소유한 것에 대한 부러움과 나누거나 기부하는 것에 인색한 관대하지 못함과 소유욕이라고 했다.

그런데 왜 감사와 물질주의는 상극인지『감사의 재발견』에서는 이렇게 설명하고 있다.

로버트 에먼스는 감사가 가을 단풍의 아름다움부터 친구들의 넉넉한 베풂, 맛난 식사 등 우리 삶 속에 좋은 것을 수긍하고 이것을 가능하게 한 사람이나 힘을 인식하는 것이라고 말했다. 감사는 우리 삶 속에 좋은 것을 당연하게 여기며, 또 다른 것을 갈망하기보다는 그 좋은 것을 향유하는 데 도움을 준다. 반대로 물질주의는 행복의 근원을 반짝이는 '신상'에서 찾는다. 물질주의적인 사람은 물질이 선사하는 행복에 비해 비현실적일 정도로 높은 기대치를 가지고 있다. 그들은 그 기대치보다 실제 행복감의 필연적 간극을 메우고자 또 다른 물건에 희망을 걸며 부질없는 노력을 계속한다.

그것이 바로 물질주의적인 사람의 문제이며, 감사의 적이기도 하다. 만약 당신이 지금까지 물질을 통해서 만족이나 행복감을 느껴 보려고 했다면 이제부터는 감사 실천을 통해 더 오랫동안 만족스럽고 행복한 경험을 할 수 있기 바란다. 아래 그래프를 통해 자신의 물질주의 수준을 점검해 보자.

0   1   2   3   4   5   6   7   8   9   10

0은 나는 물질주의 성향이 아주 낮다. 5는 중간 정도다. 10은 물질주의 성향이 아주 높다.

행동하면 커지는 감사: 하루 한 번 친절 베풀기

예일대학 "행복학" 강의에서는 매일 실천할 과제가 주어진다. 그 중 하나가 '친절 베풀기'이다. 친절이 우리를 행복하게 만들기 때문이다. 이번 주엔 매일 가족이든 친구든 동료든 혹은 모르는 사람이든 상관없이 그들에게 친절을 베풀어 보자. 친절의 크고 작음은 전혀 상관이 없다. 그러니 작은 친절이라도 베풀어 보자. 지나가는 행인이 물건이 무거워 끙끙대면 그 물건 들어 주자. 도움이 필요한 사람을 그냥 지나치지 말고 잠깐 멈추어 도움을 베풀자. 이처럼 마음만 먹으면 베풀 수 있는 것이 작은 친절이다. 이 친절이 당신을 행복하게 하고 더욱 감사하게 만들어 준다는 사실 잊지 말고 실천해 보자.

감사 근육 키우기: 지금 내게 있는 것은 모두 선물이다

오프라 윈프리는 "내가 확실히 아는 것이 있다면, 만약 당신이 당신 앞에 나타나는 모든 것을 감사히 여긴다면 당신의 세계가 완전히 변할 거라는 점이다. 가지지 못한 것 대신 내가 이미 가지고 있는 것들에 초점을 맞춘다면 당신은 자신을 위해 더 좋은 에너지를 내뿜고 만들 수 있다"라고 말했다. 이번 주에는 당신이 이미 소유하고 있는 것들에 눈을 돌려 감사를 하자. 지금 사는 집이나 타고 다니는 차, 운동 기구들, 가구나 전자 제품들, 즐겨 입는 옷이나 신발, 가방, 그 외 당신이 소중히 여기는 물건들을 둘러 보자. 없는 것을 가지지 못해 생기는 불평 대신 지금 내가 가지고 있는 것들이 어떤 도움을 주는지 생각해 보자. 이것들이 없다면 얼마나 불편할지 생각해 보자.

물건뿐 아니라 오늘 자신이 경험한 즐거운 순간들이나 만족스러운 일이나 기회들에 대해서도 감사하자. 그리고 감사 일기에 기록하자.

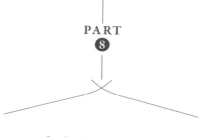

PART
8

감사가 전염되면
이웃이 바뀐다

"감사는 신뢰와 같은 사회적 자원을 구축시킨다."

-로버트 에먼스

감사가
코로나19 회복을 돕는다

코로나19 팬데믹 이후 세계 각국에서는 우울증과 불안증 발생이 2배 이상 증가했다. 한국에서는 10명 중 4명이 우울증이나 우울감을 겪을 정도로 상황이 심각하게 나타났다. 대한신경과학회가 공개한 2020년 OECD 통계를 보면, 우리나라 우울증 유병률은 전년 대비 36.8 퍼센트로 조사 대상국 중 가장 높았다.

마리아 엘리자베스 로데스Maria Elizabeth Loades 박사를 중심으로 이루어진 영국 연구팀은 코로나19로 인한 사회적 고립과 격리 그리고 학교 수업 중단이나 비대면 교육은 어린이와 청소년들의 정신 건강 위험률을 높였다고 발표했다. 특별히 4~21세 사이의 51,576명을 대상으로 한 연구를 통해 사회적 고립으로 인한 외로움이 정신 건강에 미치는 기간은 9년 이후까지 계속된다고 경고했다.

코로나19의 고립과 외로움이 비단 어린이와 청소년들의 정신 건강에만 영향을 미친 것이 아니다. 감염병이 시작된 지 얼마 후부터 '코로나 블루'라는 신조어가 등장했고, 코로나 이후 미국 성인의 3분의 1이 코로나 블루를 겪게 되었다. 만 명 이상을 대상으로 퓨리서치센터가 설문조사를 했는데, 참가자의 33퍼센트가 코로나 이후 평소보다 높은 수준의 불안과 불면, 우울증이나 고립감을 경험했다고 답했다. 그런데 퓨리서치센터는 이 코로나 블루는 일시적인 현상으로 코로나와 함께 사라지는 것이 아니라 향후 10년 동안 영향을 미칠 것이라고 예측했다.

이에 대해 미국심리학회 최고 경영자인 아서 에반스Arthur C. Evans Jr. 박사는 "코로나19의 국가적 복구 계획의 일환으로 스트레스를 해결하지 않으면 앞으로 여러 해 동안 코로나19로 인해 생기는 정신 건강의 악영향을 다루게 될 것이다"라고 했다. 동시에 보건사회부와 교육부, 노동부 및 정신 건강 관련 국회 소위원회에 다음과 같은 제안을 했다. 지역사회에서 정신 건강 관리를 위한 예방 프로그램을 제공하도록 지원하고, 학생들에게는 사회-정서적인 교육 프로그램과 함께 문제가 커지기 전에 조기 개입을 촉구했다. 또 정신 건강을 돌보는 인력을 확보하고 정신 건강에 대한 연구를 지원하라고 요청했다.

코로나19 증상 가운데 환자들이 브레인 포그brain fog 현상을 겪게 된다는 사실은 코로나 초기부터 잘 알려져 있다. 2022년 3월 「네이처

「Nature」에 옥스퍼드대학의 연구 결과가 실렸다. 코로나19의 경증 환자들에게서 두뇌 손상과 뇌 수축 현상이 냄새와 기억 처리를 통제하는 부위에서 나타났다는 것이다. 일반적으로 코로나바이러스는 노화 중에 발생하는 뇌의 회색질 변화나 조직 손상과 연관되어 있는 것으로 알려져 있다. 연구팀은 51~81세 사이 401명을 대상으로 코로나19에 걸리기 전과 몇 달이 지난 후에 두 번에 걸쳐 뇌 검사를 실시했다. 그 중 15명만 입원 치료를 받았고, 나머지는 경증 환자였다. 또 코로나19에 걸리지 않은 사람들 중 비만이나 흡연, 당뇨병, 혈압, 나이나 성별 등 사회·경제적으로 유사한 284명을 대상으로 두뇌 검사를 실시하고 비교했다.

이 연구를 통해 코로나19에 걸린 사람들은 훨씬 더 많은 두뇌 조직의 손상과 수축이 일어났다는 사실을 발견했다. 일반적으로 정상 노화의 과정을 겪는 사람들은 매년 뇌의 회색질이 약 0.2~0.3퍼센트 정도 감소하는데, 코로나19에 걸린 사람들은 최대 2퍼센트까지 감소해 회색질의 양이 정상 노화의 10배 가량 줄어들었다. 또한 전반적인 두뇌의 크기도 줄어들었고, 뇌 조직의 손상은 적어도 1년 이상 나빠진 것으로 나타났다. 이로 인해 냄새와 기억 처리를 통제하는 두뇌의 변화가 생겼고, 환자들로 하여금 냄새와 맛을 느끼지 못하게 할 뿐 아니라 집중력 장애나 기억력 저하, 졸음이나 브레인 포그 현상을 겪게 만든다는 것이다.

이 연구 논문의 수석 저자인 그웨나엘 더우드Gwenaëlle Douaud 박사는 "이것은 두뇌의 손상이기 때문에 회복될 순 있지만, 경증 환자에게서 나타난 뇌 손상이기 때문에 무서운 일"이라고 언급했다. 또 이번 연구가 코로나와 관련된 첫 번째 뇌 연구이기 때문에 한계가 있다는 사실을 인정하면서도 심층적인 연구가 필요하다고 했다. 왜냐하면 기억력 테스트가 어떻게 나타나는지 알아보기 위한 기본적인 인지 테스트만 실시했고, 뇌 검사는 코로나19 감염 후 대략 다섯 달까지만 행해졌기 때문에 그 후로 두뇌 손상이 향상될 수 있는지 알아보는 연구가 지속되어야 하기 때문이다.

이와 관련해 「워싱턴포스트」 3월 27일자 신문에는 코로나 환자들이 겪는 브레인 포그 현상이 항암 치료를 받는 암 환자나 알츠하이머에 걸린 사람과 비슷하다는 연구 결과가 실렸다. 스탠퍼드대학의 신경학자 미첼 몬제Mitchelle Monje 박사는 암 환자들의 미세아교세포microglia cell, 중추신경 내의 면역반응을 담당하는 미세아교세포는 고도로 전문화된 면역세포로서 뇌 안을 끊임없이 돌아다니면서 찌꺼기와 병원체를 제거하는 역할을 한다의 기능에 문제가 생긴 것이라고 했다. 몬제 교수의 이번 연구는 암 환자들이나 알츠하이머 환자 그리고 여러 가지 다른 종류의 바이러스 감염으로 인한 뇌 기능의 문제를 연구하는 데 결정적인 역할을 했다는 평가를 받는다.

이상의 연구 결과들을 보면서 대뇌 피질의 회백질이 감소되는 현상은 감사 실천을 통해 더 빨리 회복될 수 있으리라 생각하게 되었다. 감사를 통해 대뇌 피질의 회백질의 양이 증가하면 뇌의 기능도 향상된다는 사실이 이미 뇌과학자들에 의해 밝혀졌기 때문이다. 또한 신경정신과 전문의들은 코로나19가 가져온 정신 건강 문제를 극복하기 위해 가장 쉽고 효과가 확실한 방법이 '감사'라면서 어린이들이나 어른들에게 감사 실천을 장려하기 때문이다. 이런 이유로 머지않아 코로나19 환자들을 대상으로 한 감사 개입 연구가 활발하게 진행되리라 기대한다.

감사 연구의 거장인 에먼스 박사도 코로나19를 위한 처방약으로 감사를 내놓았다. 2020년 그가 실시한 연구에서 '미래 감사prospective gratitude, 지금은 아니지만 앞으로 상황이 좋아졌을 때 느낄 감사'에 대한 효과를 확인했다. 3월부터 5월까지 3개월간 성인 511명을 대상으로 한 설문조사에서 '행복하다, 희망적이다, 안심이 된다, 기쁘다'와 같은 긍정적인 감정보다 '매우 감사하다'고 답을 한 사람이 56퍼센트로 집계되었다. 이는 긍정 감정을 느낀 것보다 17퍼센트나 높은 수치이다. 코로나로 인해 직장을 잃고 사랑하는 가족을 잃고 마음이 산산조각이 나는 상황에 직면했을 때 기쁨이나 행복 같은 감정을 느끼기 어렵지만 감사는 느낄 수 있다는 것이다.

또 참가자들에게 미래에 느낄 감사에 대해서도 조사했다. 참가자들 중 69퍼센트의 사람들은 미래에는 현재보다 훨씬 더 감사할 것으로 기대했다. 힘들 때는 앞으로 상황이 좋아지게 될 것을 생각하고 감사를 느끼는 것이 정신 건강에 큰 도움이 된다는 사실을 확인했다. 이 연구를 통해 에먼스 박사는 "감사는 상황이 어떠하든 고통을 치유할 수 있는 힘이 되고 절망적인 순간에도 희망을 가져다 준다"라고 주장했다. 그는 이제까지 "미래에 일어날 일에 대해 감사하라"고 조언을 했지만, 미래 감사의 효과에 대해 연구해 본 적은 없었다. 그런데 이번 연구를 통해 미래 감사가 현재의 어려움을 극복할 수 있다는 사실을 확인한 것이다.

코로나19가 발생한 지 만 2년이 되는 2022년 5월말의 시점에서 전 세계적으로 감염 환자는 5억 3천만 명이고, 한국에서는 1천 8백만 명으로 집계되었다. 이런 상황 속에서 앞으로도 코로나든 다른 감염증이든 환자들의 정신 건강이나 뇌 건강을 회복시키기 위한 연구는 계속될 것이고, 좋은 치료책도 개발될 것이다. 다만 치료책을 기다리는 동안 소극적으로 있지 말고 열심히 감사를 실천해 보자.

감사가
신뢰 사회를 만든다

조엘 피터슨Joel Peterson은 기업인이자 스탠퍼드경영대학원 교수로서 40여 년간 수천 개의 기업의 흥망을 지켜보면서 신뢰에 대한 연구를 했다. 그는 자신의 저서 『신뢰의 힘』(가나출판사, 2017)에서 신뢰의 중요성을 다음과 같이 말한다.

신뢰의 힘은 강하다. 신뢰의 경제학에 의하면 인간은 항상 뿌린 대로 거두게 되어 있다. 내가 남을 배려할수록 남도 나를 배려하기 마련이다. 내가 남을 신뢰하는 만큼 남도 나를 신뢰하는 법이다. 신뢰가 교환되는 순간, 사람들은 서로 협조하고 이타심을 기른다. 그 결과 모든 사람이 혜택을 나눠 갖는다.

　신뢰는 가족이나 공동체, 기업, 그리고 국가뿐 아니라 국제 관계에서도 결속력을 강화하며 협력 가운데 원원을 추구하므로 더 많은 일을 성취하게 한다. 또한 조화롭고 행복한 삶을 살게 해 준다. 그러므로 신뢰가 '단순히 있으면 좋고 없으면 그만인 덕목'이 아니라 조직의 생존과 성장을 결정하는 필수 요소이다. 특히 급속한 변화로 미래에 대한 불확실성이 그 어느 때보다 크고, 기술 발달로 전 세계가 촘촘하게 연결된 21세기 사회에서 신뢰의 역할은 더욱 중요하다.

우리는 자신의 약점이 남에게 악용될 것을 두려워하지 않을 때, 다른 사람이 나를 해치지 않으리라는 확신이 있을 때, 또 내가 상대하는 사람이 자신이 약속한 바를 지키리라고 믿을 때 다른 사람을 신뢰할 수 있다. 하지만 누군가 그런 상황을 틈타 남의 신뢰를 악용하는 짓을 벌인다면 그 것을 당한 대상이 다른 사람에게 그와 똑같은 행동을 하게 만드는 빌미가 된다. 결국 신뢰의 부재라는 전염병이 널리 퍼지면서 사람들이 오염되고 조직 전체로 위험이 확대되는 결과가 빚어진다. 전형적인 악순환이다.

모든 관계에서 신뢰가 이처럼 중요한데, 오늘날의 사회는 어떠한가? 세계적인 PR기업 에델만Edelman은 2021년 신뢰도 지표 조사를 위해 27개국의 성인 36,000명을 대상으로 설문조사를 실시했다. 에델만은 크게 정부, 기업, 비정부기구NGO와 미디어처럼 사회에 막대한 영향을 끼치는 주체들의 신뢰도를 매년 측정하는데, 다른 나라들과 마찬가지로 한국도 네 가지 영역에서의 신뢰지수가 모두 하락한 것으로 나타났다. 특히 전 세계적으로 미디어에 대한 불신이 전년도에 비해 8퍼센트 이상 상승했다는 점을 주목하면서 오늘의 사회는 정보 파산 상태에 이르렀다고 말한다. 이른바 인포데믹infodemic, 그러니까 잘못된 정보의 전염병을 앓고 있는 시대라는 것이다.

에델만은 거짓 정보를 생산하는 주체가 정부와 미디어라고 지적한다. 정치인들은 투표를 위해서 거짓 정보를 퍼트리고, 미디어는 클릭을 위해서 잘못된 정보를 생산하고 유포한다. 이번 에델만 신뢰지수에서 27개 나라 중 한국의 신문과 잡지, 방송, TV와 같은 전통 언론 매체에 대한 신뢰지수는 43점으로 꼴찌에서 3번째를 차지했다. 또 웹사이트나 이메일, 뉴스레터 등과 같은 소셜 미디어의 신뢰지수는 27점으로 꼴찌를 차지했다. 특히 전년도에 비해 신뢰지수가 7점이나 낮아졌다는 사실은 한국사회의 미디어에 대한 불신이 얼마나 심각한지를 단적으로 보여 준다. 이 같은 심각성에 대해 대통령 선거를 치르는 동안 뼛속 깊이 경험했다. 정치인들과 미디어가 분열과 대립을 조장하고 사회 분위기를 혼란과 분노와 불신으로 몰아가는 상황이 실망스러웠다.

이같이 미국을 포함한 27개 국가들에서 지난 20여 년간 신뢰도 지표가 점점 낮아지는 추세를 보면서 감사 연구자들은 감사가 신뢰를 회복하기 위한 도구가 될 수 있는지에 대해 관심을 기울이고 있다. 조지메이슨대학의 토드 카시단Todd B. Kashdan 박사는 감사를 통해 불신 사회를 신뢰 사회로 바꿀 수 있는지에 대한 연구 결과를 「성격과 개인적 차이 Personality and Individual Differences」 저널에 발표했다. 카시단 박사는 일주일 동안 의식적으로 감사한 일을 기록한 사람들은 다른 사람을 더 신뢰하는 것으로 보고했다.

연구팀은 참가자들을 두 그룹으로 나눈 후 한 그룹에게는 감사한 일 다섯 가지를 일기에 쓰도록 했고, 다른 그룹에게는 며칠 동안 무슨 일을 했는지 일상을 기록하도록 했다. 연구에 참가한 그룹 모두가 일주일 동안 세 번의 일기 쓰기를 마친 후 온라인상에서 간단한 신뢰 게임을 했다. 게임이 시작되기 전에 참가자들에게 게임 도중에 게임 파트너와 돈을 교환할 것이라고 설명해 주었다. 하지만 실제로 게임 파트너는 없었으며, 연구실 컴퓨터에서 혼자 게임을 하는 것이었다. 그리고 게임에 쓰도록 약간의 돈을 주면서 파트너에게 얼마를 줄 것인지 결정하라고 했다. 또 게임 파트너는 결정한 액수의 3배를 받게 된다는 사실도 설명해 주었다. 마지막으로 게임 파트너에게 횡재한 돈을 돌려줄 것인지 선택하도록 했다.

이 연구에서 감사 일기를 쓴 참가자들은 단순 일기를 쓴 사람들보다 다른 사람을 더 많이 신뢰한다는 사실을 발견했다. 감사 일기를 쓴 그룹은 자신이 가진 돈의 70퍼센트를 상대방에게 주었는데, 단순 일기를 쓴 그룹은 가진 돈의 절반만 게임 파트너에게 주었다. 또 감사 일기를 썼던 사람들은 자신에게 돈을 보내 준 상대방에게 깊은 감사를 느꼈다고 말했다.

그렇다면 감사하는 사람들은 왜 다른 사람을 더 신뢰하게 될까? 감사 일기를 쓴 그룹은 신뢰 게임을 하는 동안 긍정적인 감정을 더 많이 느꼈기 때문에 상대방을 믿고 돈을 더 주기로 결정한 것이다. 카시단 박사는 이 연구를 통해 감사 능력을 기르는 것은 삶 속에서 마주치는 낯선 사람들과 신뢰 관계를 맺는 데 유익하다는 사실을 확인해 주었다.

감사를 통해 우리 사회에 만연한 불신을 모두 제거할 순 없겠지만, 감사는 적어도 불신에서 신뢰로 방향을 돌이키는 데 중요한 도구가 된다는 사실이 고무적이다. 한 개인이 감사를 실천하므로 다른 사람에 대한 신뢰도가 증가하고, 그 사람에게서 영향을 받은 주위 사람들이 또 감사를 실천하면서 감사하는 사람들이 주변에 점점 더 많아지면 사회 구성원들의 신뢰도 또한 점점 높아질 것이다.

우리의 감정은
코로나처럼 전염된다

모든 감정은 전염성을 갖고 있다. 앞에서 살펴본 것처럼 불신이나 신뢰도 전염된다. 슬프거나 우울한 사람과 같이 있으면 굳이 말을 하지 않아도 서서히 슬퍼지거나 우울해진다. 코로나로 인한 불안감은 지구상에 사는 거의 모든 사람들이 경험했다. 한 사람이 코로나 뉴스를 보면서 불안해하면 옆에 있는 사람도 덩달아 불안해진다. 그리고 그 불안은 또 다른 사람에게 전해진다.

긍정적인 감정도 마찬가지다. 밝고 환한 미소로 "걱정할 것 없어. 우린 다 괜찮을 거야"라면서 평정심을 찾는다면 옆 사람도 곧 편안해진다. 기분 좋은 사람 곁에 있으면 덩달아 기분이 좋아지고, 기쁨에 환호하는 사람 곁에 있으면 그 기쁨 또한 전해진다. 이처럼 모든 감정은 부정적이든 긍정적이든 주변 사람들에게 직접적인 영향을 끼친다. 하트매스연구소의 연구에서는 감정 전염에 대해 이렇게 말하고 있다.

심장은 개인의 생각이나 감정에 영향을 받으면서 한 번 뛸 때마다 전기장과 자기장을 방출한다. 이때 방출하는 전기장과 자기장이 합쳐져 전자기장을 형성하면 1미터 정도 떨어진 사람의 감정에도 영향을 미친다. 그러므로 자신이 의식하든 못하든 라디오나 텔레비전의 송신기처럼 자신의 감정을 주변에 방송한다는 것이다.

오른쪽 그림에서 보는 것처럼 각자가 심장을 통해 자신의 감정을 뿜어내기 때문에 아무 말이 없어도 옆에 있는 사람의 감정에 영향을 받는다. 이 같은 설명을 하면 세미나에 참석한 사람들은 깜짝 놀란다. 한 사람이 묻는다.

"와, 믿을 수 없네요. 어떻게 그런 일이…. 그럼 지금까지 살아오면서 제가 화를 낼 때마다 부정적인 영향을 받아 왔던 우리 가족은 어떻게 되는 거죠?"

"지금부터라도 감정 관리를 잘하시면 됩니다. 특별히 분노와 같은 부정적인 감정을 중화시키는 감사 훈련을 열심히 하면 본인의 분노가 치유되고, 분노로 상처받았던 가족들도 치유되면서 회복될 수 있어요."

그제야 그는 안도하며 감사 훈련의 중요성을 실감했다.

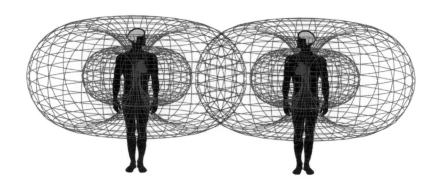

두 사람 사이에 미치는 심장의 전자기장 (하트매스연구소)

감사는
가장 강력한 감정이다

우리는 지금까지 '감사'가 긍정적인 감정은 더욱 증가시켜주고 불안이나 우울감, 억울함이나 좌절감, 분노나 불쾌감 같은 부정적인 감정은 감소시켜준다는 사실을 배웠다. 이뿐 아니라 감사의 보자기 속에 들어 있는 여러가지 많은 유익들을 생각해보면 '감사는 인간이 경험하는 어떤 감정들보다 가장 건강한 감정'이라고 한 지그 지글러의 말이 참으로 적절하다.

『우울할 땐 뇌과학』(심심, 2018)의 저자 앨릭스 코브Alex Korb 박사는 "행복에는 전염성이 있고 마치 유행성 감기처럼 사회적 네트워크를 통해 퍼져나간다. 가까이에 행복을 느끼는 친구가 살고 있을 경우 본인도 행복해질 확률이 25퍼센트 증가한다"고 말했다. 행복이 전염되듯이 감사도 전염이 된다. 감사하는 사람들 옆에 있으면 왠지 기분이 좋아진다. 금방 가랑비에 옷이 젖듯 감사 에너지가 전달되면서 마음이 편해지고 따뜻해진다. 그래서 자신도 감사하고 싶은 마음이 생긴다.

이처럼 한 사람에게서 시작된 감사가 서로에게 전염될 때 어떤 일이 일어날까? 서로 감사하는 부부는 더 깊은 사랑과 친밀감을 경험한다. 감사가 가족 간에 전염되면 가정은 평안과 안정감을 누리고 연대감과 소속감도 더해진다. 이 같은 감사의 교류가 동료 간에 일어나면 신뢰감이 증가하고 우정도 깊어진다.

감사의 파동을 일으키는 사람들이 우리 주변에 점점 많아지면 어떤 일이 일어날까? 감사하는 사람들이 학교와 직장 그리고 공동체에 가득해진다면 어떤 일이 일어날까? 만약 사회 곳곳에서 감사의 파급 효과가 물결처럼 퍼져간다면 어떤 일이 일어날까? 감사로 우리가 더 행복해지고, 이로 인해 25퍼센트 더 행복한 사회가 될 수 있다니 감격스럽지 않은가?

행복하길 원하면 감사하라

한국 방문 중 감사나눔연구소의 제갈정웅 박사와 손욱 박사를 통해 2010년 3월부터 시작해 온 '행복나눔125' 운동에 대해 들을 기회가 있었다. 이 운동은 얼마 지나지 않아 기업 문화를 바꾸기 시작했고, 하루에 다섯 가지 감사한 일을 적는 '감사나눔운동'은 지자체와 학교로 확산되어 나갔다. 나아가 이 운동은 사회의 가장 어두운 곳인 교도소까지 진출했다.

그다음엔 군부대였는데, 2011년 강화에서 발생한 해병대 2사단 총기 사건이 그 계기였다. 네 명의 청춘들이 아까운 목숨을 잃은 사건을 보면서 손욱 박사는 인성 변화에 효과가 탁월한 감사 나눔이 도입된다면 군에서 발생하는 불상사들을 많이 줄일 수 있으리라 확신했다. 곧 시범 실시를 하기 위해 2012년 1월 11일 국방부에 감사나눔운동 추진 계획을 보고하고 재가를 받게 되었다. 군에서의 감사나눔운동의 최종 목표는 '행복한 병영이 강한 군대를 만든다'는 것이었다. 이를 위해서 먼저 군인이 행복해져야 하고, 감사가 행복을 주는 여러 해답 가운데 하나라는 점을 강조했다. 이처럼 감사나눔운동의 성과가 두드러지게 나타나기 시작했고, 2015년 10월 28일 2,000여 명의 장병과 시민들이 참여한 '전군 행복나눔125 페스티벌'까지 열 수 있었다.

이처럼 감사를 통해 삶의 변화를 경험한 사람들은 자신이 경험한 변화를 다른 사람에게 전하고 싶은 열망이 생긴다. 감사를 통해 건강하고 행복해진 사람은 다른 사람에게도 이 좋은 선물을 나누어 주기 원한다. 그들을 통해 가정이 변화되고 공동체가 변하는 것을 보게 되면 사회와 국가에 그리고 다른 나라에까지 전파하고 싶어 뜀박질하게 만든다. 감사 운동이 개인에서 시작되어 직장과 공동체로, 그리고 사회를 넘어 지구촌으로 뻗어가는 방식이 바로 이것이다. 감사의 영향력을 직접 체험하거나 연구하는 사람들에 의해 감사의 불씨가 여기저기서 생겨나고, 시간이 지나면서 더 큰 불꽃이 되어 전 세계로 뻗어가게 된다.

데이비드 스타인들 라스트David Steindl-Rast 수사는 오스트리아의 전통적 가톨릭 가정에서 태어나 성장한 후 빈대학교University of Vienna에서 실험심리로 박사 학위를 받았다. 같은 해 그는 미국으로 이민 와서 베네딕트회 수도사가 되었고, 여러 수도원에서 공동체 생활을 하면서 책을 집필하고 워크숍과 피정을 인도했다. 그는 여러 종교적인 경험을 통해 감사에 대한 인간의 반응은 종교적 세계관의 일부이며, 모든 인간의 삶에 필수적이라는 사실을 확신하게 되었다. 2000년에는 개인과 사회의 혁신적인 변화를 위해 감사에 전념하는 조직인 '감사 네트워크A Network for Grateful Living'를 공동 창립했는데, 지금은 240개국 사람들이 하루에도 수천 명씩 온라인 포럼에 참여하고 있다. 그는 감사가 기도의 핵심이며, 자유를 향한 길이요, 자신과 사회를 치유하는 길이라고 믿으며 감사 운동을 장려하고 있다. "행복하기 원하세요? 그럼 감사하세요"라고 외치면서.

감사의 걸림돌: 부적절한 선물

선물은 사랑과 감사의 표시다. 사랑하는 사람에게 "당신을 사랑합니다"라는 표시로 선물을 준다. 연인이나 배우자에게, 부모와 자녀 간에, 가족 간에 주고받는 선물은 서로를 행복하게 만든다. 또 감사의 표현으로 선물을 한다. 이미 받은 은혜나 도움에 대해 감사의 마음을 담은 선물을 준다. 진심을 담은 감사의 선물도 주는 이와 받는 이를 행복하게 만든다.

하지만 받은 선물이 불편한 경우도 있다. 선물을 주는 사람이 통제하려는 의도를 가지고 선물을 한다면 그 선물은 감사 대신에 분노나 원망, 책임이나 부담감을 안겨 주는 경우다. 부모가 자녀를 통제하기 위한 수단으로 고액의 물건을 선물했다면 그 자녀는 선물에 대한 감사를 느끼지 못할 것이다. 집이나 차를 사 주거나 거액의 현금을 자녀에게 준 후에 "엄마 아빠가 너한테 해 준 게 얼마나 많은데, 우리를 이렇게 서운하게 해? 왜 부모 말을 안 들어? 대체 부모에게 관심이 있기나 한 거냐?"라고 하면서 이미 준 선물에 대해 종종 언급한다면 그건 부적절한 선물이다. 감사할 수 없게 만드는 선물이다.

직장에서 주고받는 적절한 선물은 직원과의 관계를 강화하거나 친선 도모를 위한 좋은 수단이다. 고객이나 협력 업체와 거래할 때 합리적인 가격 수준에서 선물을 주고받을 때도 있다. 그럴 경우, 이해 상충이 되지 않는지 살펴보고 가액이 부담스럽지 않고 해당 상황에 적절한 선물이어야 한다. 예를 들어 식사 제공이나 행사 티켓을 주고받는 것은 적절하겠지만, 고액의 선물을 주면서 그 대가로 무언가를 부탁하거나 요구한다면 주는 이와 받는 이 모두에게 해가 되는 부적절한 선물이다.

이런 예는 얼마든지 있다. 자녀의 학교 성적 올리기나 좋은 대학에 보낼 목적으로 교사에게 청탁성 선물을 주는 경우다. 이때 교사는 선물을 받은 후에 빚을 갚아야 한다는 부담을 갖게 되고, 선물을 준 학부모는 자신의 기대치만큼 교사가 특혜를 주지 않으면 서운한 마음이 들게 된다. 결국 두 사람 모두에게 불만족스럽고 부적절한 선물이 된다. 이같은 선물은 감사의 방해물이다.

당신은 어떠한가? 누군가에게 부탁하거나 통제하기 위한 수단으로 선물을 주고 있지는 않은가? 그 정도는 아니라 해도 선물을 준 후에 당신의 기대치에 어긋나면 불평하거나 서운한 마음이 생기는가?

행동하면 커지는 감사: 감사 클럽 만들기

감사 실천이 시너지 효과를 내려면 다른 사람과 함께하는 것이 좋다. 배우자나 자녀들과 함께하는 가족 감사 클럽, 친구들이나 직장 동료들과 함께 일주일에 한 번씩 시간을 내어 감사한 일을 나누는 감사클럽을 만들어 보자. 감사를 다른 사람들과 나누면 감사에 대한 아이디어나 기술을 향상시킬 수 있다. 혼자서 감사 일기를 쓰다가 행여 게을러질 때 함께하는 팀들의 격려와 도전으로 다시 감사를 지속할 수 있기 때문이다. 이것이 바로 함께함의 힘이다.

바라기는 이 책을 먼저 읽고 감사의 삶을 시작한 당신이 그룹의 리더가 되기를 바란다. 리더가 되면 감사를 가장 잘 실천할 수 있어서 좋다. 책임감 때문에라도 감사의 삶을 더 잘 살기 때문이다. 이로 인해 당신의 삶이 점점 변화되고 보다 행복해질 뿐 아니라 당신으로 인해 삶이 변화되는 그룹원들을 보면서 큰 보람과 기쁨을 느낄 것이다. 그리고 당신은 더 풍성한 감사의 삶을 살게 될 것이다.

감사 클럽 인도에 필요한 자료는 패밀리터치 웹사이트 familytouchusa.org 에서 찾을 수 있다.

감사 근육 키우기: 미래 감사

에먼스 박사는 지금의 형편이 너무 어려워서 도저히 감사할 수 없다면 미래 감사를 하라고 조언했다. 즉 지금보다 더 좋은 상황으로 바뀌었을 때 감사하는 자신의 모습을 상상하면서 감사하는 것이다. 이는 상황이 어찌 되었든 감사가 가장 좋은 접근법이며, 어려운 시기에 최상의 능력을 발휘하기 때문이다.

미래 감사는 코로나19 시기뿐 아니라 힘들고 어려울 때 꼭 실천해야 할 일이다. 오늘이 너무 캄캄해서 앞이 보이지 않는다 해도 미래를 내다보며 감사하면 현재 당하는 고통이나 고난을 잘 극복할 수 있다. 또 현재의 고난이나 고통이 우리 몸에 끼치는 부정적인 영향력으로부터 우리를 잘 지킬 수 있다. 닐 월시Neale Donald Walsch가 하는 말을 들어보자.

감사하기는 모든 것을 바꾸는 태도다. 이런 이유로 감사하기를 진정으로 강력하게 사용하길 원한다면 어떤 일이 일어난 뒤가 아니라 그 전에 감사 하라고 일러주고 싶다.

필자는 오랫동안 미래 감사를 실습해 왔다. 고통 중에 있을 때 미래 감사를 실천했다.

"내 고통의 전체 길이 중 하루 짧아져서 감사합니다."
"이 고통의 끝에 맛볼 달콤한 열매를 감사합니다."
"건강이 좋아질 것을 생각만 해도 기쁘고 감사합니다."
"오늘은 우울하고 정말 힘들었지만, 내일은 좋아질 것을 믿기 때문에 감 사합니다."
"지금의 힘든 문제가 더 좋은 쪽으로 풀릴 것을 믿으니 더욱 감사합니다."
"내일 뇌 정밀 검사의 결과가 좋을 것을 생각하니 감사합니다."
"그분이 오해해서 지금은 기분이 언짢고 속상하지만, 오해가 풀려서 더 좋은 관계가 될 것이니 감사합니다."

이렇게 오늘 힘들었거나 걱정되는 일을 미래 감사로 바꾸면 걱정이 줄어들어 잠을 편히 잘 수 있게 된다. 잠을 잘 자야 면역력을 잘 유지할 수 있다. 걱정과 불안이 계속되면 스트레스 호르몬이 배출되지만, 감사를 하면 스트레스를 덜 받게 된다. 정신 건강을 위해서도 좋은 방법이다. 미래 감사로 정신 건강과 뇌 건강이 좋아지면 육체적인 건강에도 도움이 된다. 이 모두가 미래 감사의 유익이다. 행여 미리 감사한 대로 결과가 나오지 않는다 해도 미래 감사는 도움이 된다. 예를 들어 어젯 밤 감사한 대로 뇌 정밀 검사 결과가 좋지 않게 나왔더라도 어젯밤 걱정 없이 잘 잤으니 좋은 것 아닌가?

이처럼 미래 감사로 자신의 몸과 마음을 건강하게 지킨다면 오늘 하루를 가장 잘 사는 길인 것이다. 미래 감사로 내일을 미리 걱정하지 않고 현재에 집중하기 때문에 최상의 유익을 누리며, 최상의 내일도 맞이할 수 있게 된다. 그러므로 내일이 아닌 오늘, 현재에 집중하는 것은 참으로 귀한 선물이다. 이것이 바로 '현재present가 선물present'이 되는 이유이다. 내일을 미리 살지 말고 오늘을 잘 살자! 오늘 있었던 좋은 일에 감사하고, 힘든 일은 미래 감사를 하자. 그러니 오늘도 감사, 내일도 감사다!

PART
9

모든 상황 속에서
감사하라

항상 감사한 마음을 가지기란 쉽지 않다. 하지만 당신이 가장 덜 감사할 때가 바로 감사함이 가져다줄 선물을 가장 필요로 할 때다. 감사하게 되면 내가 처한 상황을 객관적으로 멀리서 바라보게 된다. 그뿐만 아니라 어떤 상황이라도 바꿀 수 있다. 감사한 마음을 가지면 당신의 주파수가 변하고 부정적 에너지가 긍정적 에너지로 바뀐다. 감사하는 것이야말로 당신의 일상을 바꿀 수 있는 가장 빠르고 쉬우며 강력한 방법이라고 확신한다.

-오프라 윈프리

지금까지 우리는 감사의 선물 보자기 속에 들어 있는 여덟 가지 선물에 대해 살펴 보았다. 감사는 우리를 행복하게 만들고 신체적인 건강을 향상시키며, 더 좋은 가족 관계로 이끌어 주며, 뇌 기능과 정신 건강까지 향상시킨다. 뿐만 아니라 감사를 통해 스트레스를 잘 관리할 수 있으며, 직장에서의 성공과 재정적 번영까지 누리게 한다. 또한 감사는 더 많이 저축하고 베푸는 삶을 통해 자족감을 누리게 할 뿐만 아니라 사회적 유익도 있음을 배웠다. 그렇다면 감사는 영적인 삶에도 유익이 있을까? 감사와 영성은 어떤 관계가 있을까? 또 감사하기 힘든 순간에 어떻게 감사할 수 있을까?

데이비드 로스마린David H. Rosmarin 박사는 하버드 의대의 정신과 교수이자 매클레인병원McLean Hospital에서 신앙과 영성을 통합하는 인지 행동 치료와 심리 치료로 불안, 우울증, 강박 장애, 성격 장애로 어려움을 겪는 사람들을 치료하고 있다. 그는 405명의 성인들을 대상으로 종교적 헌신과 행복도를 측정했는데, 신앙과 상관없이 감사하는 사람들에 비해 신앙적으로 헌신을 하고 하나님께 감사하는 사람들은 심리적으로 보다 큰 유익을 얻는다는 사실을 발견했다. 즉 신앙심이 깊은 사람이 감사를 실천하면 심리적인 유익을 더 많이 얻게 된다는 것이다. 이러한 사실을 목회데이터연구소의 설문조사에서도 확인할 수 있었다.

월드비전의 요청으로 목회데이터연구소는 2021년 추수감사절에 '기독교인의 감사 생활에 대한 조사' 결과를 발표했다. 조사 결과에 따르면 전체 응답자의 96.1퍼센트는 감사의 중요성을 인식하고 있었고, 평소 감사하는 마음을 느끼는 비율도 92퍼센트에 달했다. 이 설문조사를 통해 감사 성향이 높을수록 삶의 만족도 역시 높게 나타났다. 자신의 행복도와 사람들과의 관계 속에서 얻는 만족도를 보면 감사 성향이 강한 사람이 약한 사람보다 훨씬 높았다. 이는 감사 생활이 하나님과의 관계나 인간관계 그리고 자신의 행복도에 긍정적인 영향을 미치고 있다는 사실이 수치로 확인된 것이다.

하지만 92퍼센트의 응답자가 마음으로 감사를 느끼지만 이를 표현하는 데에는 어려움이 있다고 답했다. 감사를 자주 표현한다는 비율은 20퍼센트에 머물렀고, 가끔 표현한다는 비율이 52퍼센트인 것을 보면 감사하는 마음을 제대로 표현하지 못하고 있다는 사실을 알 수 있다. 감사 표현을 하지 않는 이유로는 '어색하거나 감사 표현을 어떻게 해야 할지 잘 몰라서' 혹은 '표현하지 않아도 상대방이 으레 알 것이라는' 이심

전심의 한국적 문화가 크게 작용하고 있었다. 감사 표현 대상으로는 하나님, 자녀, 교회 구성원 등의 순으로 답했다. 같은 가족 간에도 부모가 자녀에게 감사를 표현하긴 하지만 부모나 형제자매 간에는 감사 인사를 잘 나누지 않는다는 사실이 드러났다. 이 데이터들은 모두 감사를 적절하게 표현하는 구체적인 방법을 배우고 실천할 필요가 있음을 알게 해 주었다.

모든 상황 속에서
감사하라

이 설문조사에서 가장 관심 있는 부분은 "범사에 감사하라"데살로니가전서 5:18a는 말씀과 관련하여 해석과 실천에 관한 답이었다. "범사에 감사하라"는 말씀에 대해 31퍼센트는 '반드시 실천해야 할 하나님의 명령이다'라고 생각하는 반면, '실천을 위해 노력하라는 권고의 메시지'로 생각하는 사람들이 55퍼센트나 되었다. 그리고 실천과는 상관이 없는 '상징적인 메시지'로 받아들이는 사람들이 12퍼센트였다. 이처럼 권고나 상징으로 생각하기 때문에 실천하려고 노력하지 않는다고 답한 사람이 21퍼센트나 되었다. 또 실천하려고 노력하지만 잘 안된다는 사람이 61퍼센트였고, 비교적 이 말씀을 잘 실천하고 있다는 사람은 18퍼센트에 머물렀다.

필자 역시 이 말씀을 붙들고 오랜 시간 고민했다. '명령인가? 권고인가?'라는 자문도 해 보았다. 그리고 왜 감사를 하나님의 뜻이라고 하는지도 궁금했다. 하나님의 뜻이라면 어떻게 범사에 감사할 수 있는지에 대한 답도 확인하고 싶었다. 이 구절의 정확한 의미를 알고 싶어서 이해할 수 있게 도와 달라는 기도를 드렸다. 그러던 중 영어 성경을 읽다가 왜 이렇게 명령하시는지 깨닫게 되었다. 그리고 감사에 대한 연구를 하던 중 이 말씀은 권고가 아니라 명령이라는 확신을 갖게 되었다. 몇 가지 이유 때문이다.

먼저 "범사에 감사하라 이는 너희를 향하신 하나님의 뜻이니라"는 말씀만 따로 떼어 생각할 것이 아니라 바로 앞에 있는 "항상 기뻐하라 쉬지 말고 기도하라"라는 구절도 함께 연결된 문장이기 때문에 구절 전체를 통합적으로 이해할 필요가 있다. 영어 성경에서는 이렇게 표현하고 있다.

Rejoice always, pray continually, give thanks in all circumstances; for this is God's will for you in Christ Jesus. (데살로니가전서 5:16-18, NIV)

둘째, "항상"이나 "쉬지 말고"나 "범사에"라는 단어와 구를 문자 그대로 해석할 것이 아니라 단어에 담긴 의미를 이해하는 것이 중요하다. 이 단어들이 뜻하는 바는 라이프 스타일이나 태도가 되도록 만들라는 것이다. 즉 기뻐하는 것과 기도하는 것과 감사하는 것을 라이프 스타일로 만들라는 뜻이다.

셋째, 16절에서 기쁨이란 단일 감정이 아니라 긍정적인 감정들을 포함하는 대표 감정으로 보아야 한다. 「옥스퍼드 영어사전」에 따르면 'rejoice'의 고대 헬라어는 '기쁨을 유발시키는 것'이라는 의미다. 그러니까 기쁨을 유발시키는 것들을 모두 포함한다는 뜻이다. 비슷한 말로는 환희나 행복, 쾌락이나 유쾌함, 향유함이나 축하함 등이 있다. 헬라어 동사 '카이로χαίρω'는 '기뻐하다, 즐거워하다, 평안하다'로 번역되고, 명사인 '카라χαρά'는 '기쁨, 환희, 은혜, 친절' 등을 뜻한다. 그런 이유로 긍정 감정들을 하나하나 열거할 필요 없이 이런 감정들을 모두 아우르는 '기쁨'이란 단어로 축약해서 썼다고 볼 수 있다. 기쁨과 같은 긍정적인 감정들은 우리에게 너무나 큰 유익을 주기 때문이다. 정리하면 "항상"이라는 말을 통해 라이프 스타일이 되게 하라고 명령하는 것이다.

오래전 어느 크리스천 기자가 쓴 글을 읽은 적이 있다. 그는 이 구절을 예로 들면서 '어떻게 항상 기뻐할 수 있을까? 우리의 부정적인 감정은 어쩌란 말이냐? 하나님은 우리의 감정마저 강요하시는 분이신가?'라는 식으로 글을 전개해 나갔다. 아마도 그 기자는 이 구절의 뜻을 문자 그대로 해석해서 그리 오해한 것이리라. 물론 매 순간 긍정적인 감정을 갖기는 어렵지만, 긍정적인 감정이 주된 감정이 되도록 하라는 뜻으로 이해할 수 있다. 긍정적인 감정은 우리의 몸과 마음과 영혼에 긍정적인 영향을 미치지만, 부정적인 감정은 부정적인 영향을 미치기 때문이다.

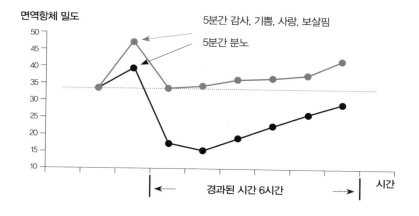

면역항체 밀도

5분간 감사, 기쁨, 사랑, 보살핌
5분간 분노

경과된 시간 6시간

시간

감정과 면역 시스템(하트매스연구소)

하트매스연구소에 따르면 부정적 감정이 5분 이상 지속 되면 이로 인한 스트레스 호르몬의 분비와 함께 면역 체계에 부정적 영향이 끼치는 시간은 6시간이나 된다고 한다. 반대로 긍정적인 감정을 5분 이상 유지하게 되면 그 감정도 우리 몸 안에서 6시간 동안 긍정적인 영향을 끼친다. 이때 우리 몸에서는 활력 호르몬 DHEA가 분비되면서 호르몬계와 면역 체계 그리고 신경계에 긍정적인 영향을 끼친다. 그러므로 부정적 감정은 가능하면 빨리 중화시키고, 긍정적 감정은 우리 몸에 지속적으로 영향을 끼치도록 하는 것이 중요하다. 우리는 연약하고 감정적인 존재여서 부정적인 감정도 갖게 되지만, 이러한 감정들을 최소화해야 한다. 이를 위해서는 감사가 필수 요소다.

넷째, "쉬지 말고 기도하라"는 말씀도 같은 맥락에서 기도를 우리의 라이프 스타일로 만들라는 뜻이다. 다시 강조하지만 문자적으로 매 순간 기도하라는 뜻이 아니라 기도가 삶의 방식이 되도록 하라는 의미이다. 그렇다면 지금까지 우리의 기도 생활을 되돌아볼 필요가 있다. 아침과 저녁 정해진 기도 시간이나 하루 세 번의 식사 기도뿐 아니라 감사한 일이 생기면 곧바로 감사의 기도를 드리는 것이 필요하다.

"주님, 햇볕이 너무 따뜻해서 감사해요."

"친구 만나서 이야기하면서 스트레스가 풀려서 감사해요."

걱정이 생기면 곧바로 간구의 기도를 드린다.

"주님, 저 직장 일로 불안해요. 도와주세요."

"오늘 아이들 때문에 너무 속상하고 화가 나요. 제가 어떻게 할까요?"

"이 문제를 어떻게 풀어야 할지 모르겠어요. 지혜를 주세요."

10초도 안 걸리는 기도이다. 이런 식의 기도라면 시간에 상관없이 하루에도 몇 번이고 할 수 있는 기도다. 집안일을 하면서도 기도할 수 있고, 운전을 하거나 운동을 하면서 할 수 있는 기도다. 지하철에서도, 버스에서도, 걸어갈 때도, 누워서도 언제나 할 수 있는 기도다. 이렇게 될 때 기도가 라이프 스타일이 되는 것이다.

다섯 째, "범사에"라는 말의 뜻은 '모든 일에 대하여'가 아니라 '모든 상황 속에서in all circumstances'이다. 모든 일에 대하여 감사하기는 어렵지만, 어떤 상황 속에 있든지 감사할 수는 있다. 삶에 비바람과 눈보라와 폭풍이 몰아쳐도, 고난 중에 있다 해도 조금만 생각해 보면 감사할 일은 얼마든지 찾을 수 있다.

마지막으로 "너희를 향하신"이란 말은 '너희를 위한'으로 해석해야 한다. '너희를 향한'이란 말은 하나님이 나의 환경과 처지를 고려하지 않으시고 일방적으로 명령한다는 뉘앙스로 들린다. 그러면 거부감이 생길 수 있다. 하지만 영어 성경처럼 '너희를 위한for you'으로 해석하면 완전히 다른 말씀으로 들린다.

"어머나, 나를 위해서라고? 감사하라고 명령하시는 이유가 바로 나를 위해서라는 거야?"

이렇게 해석하면 그동안 튕겨 나갔던 말씀이 감동으로 다가온다. 다시 말해 하나님이 '나의 유익을 위해서 모든 상황 속에서 감사하라'고 말씀하시는 것이다. 그렇다! 하나님은 까닭 없이 우리를 힘들게 만드시려고 불가능한 일을 하라고 하신 게 아니다. 이 말씀에 대한 의미를 제대로 알고 감사에 대한 연구를 하면서 왜 그렇게 명령하시는지 그 이유를 구체적으로 알게 되어 너무나 감사했다. 모든 상황 속에서 감사해야만 우리가 지금까지 배운 감사의 모든 유익들을 온전히 누릴 수 있기 때문이다. 또 그래야만 행복하고 건강한 삶을 살 수 있다. 우리를 만드시고 우리를 사랑하시는 하나님 아버지가 사랑하는 자식에게 행복하라고, 건강하라고 주시는 복된 명령, 참으로 감사한 명령인 것이다.

이처럼 기쁨과 기도와 감사 세 가지 요소는 따로 떼어서 생각할 것이 아니라 세 가지 요소가 서로 연결되어 상호 영향을 미치면서 긍정적인 시너지 효과를 낸다는 사실을 기억해야 한다. 아래 도표를 살펴보자. 먼저 긍정적인 감정을 대표하는 기쁨을 느끼니 하나님께 감사하게 된다.

부정적인 기분이 들거나 걱정과 문제가 생길 때 기도하면 평안^{긍정감정}해지니 또 감사 기도를 하게 된다! 모든 상황 속에서 감사를 찾으니 또 감사 기도를 한다. 이를 통해 기쁘니 감사하고, 감사하니 기쁨이 더해지면서 선순환의 사이클을 만들어낸다. 결론적으로 기뻐하는 것과 기도하는 것, 그리고 모든 상황 속에서 감사하는 것은 우리가 행복하고 건강한 삶을 살도록 하기 위해 명령하신 것이다. 그래서 필자는 데살로니가전서 5장 16~18절 말씀을 '크리스천 라이프 스타일'이자 '행복 공식'으로 부르기로 했다.

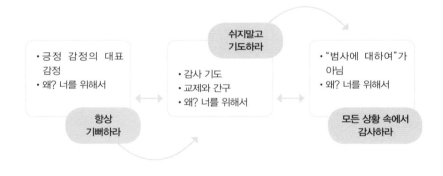

크리스천 라이프 스타일

그런데 여기서 놓치지 말아야 할 것이 있다. 어떻게 이 세 가지를 라이프 스타일로 만들 것이냐 하는 문제다. 라이프 스타일이 되도록 하려면 배우고 훈련함으로 습관이 되어야 한다. 이런 습관이 인격 속에 배어들어 있어야 라이프 스타일이라고 말할 수 있다. 즉 평생 행복하고 건강하게 살기 위하여 만들어야 할 라이프 스타일인 것이다. 그러니 습관을 위해 60일이 걸리든, 90일이 걸리든, 일 년이 걸리든 상관할 바 아니다. 상황이 어찌 되든 개의치 말고 자원하는 심령으로 평생 실천해야 할 일이다.

그런데 목회데이터연구소의 설문조사에서 감사 생활을 위한 교육이나 훈련을 받은 성도는 29퍼센트에 불과했다. 그렇다면 70퍼센트의 성도들은 훈련을 받지 못한 것이다. 또한 감사한 마음은 있지만 실제 행동으로 실천하는 사람은 그리 많지 않다고 할 수 있다.

감사 실천에 있어서 제일 중요한 감사 일기 쓰기에 대해서는 세 명 중 한 명이 작성한 경험이 있다고 답했다. 그들 중 현재 감사 일기를 쓰고 있다는 사람은 겨우 9퍼센트에 그쳤다. 목회데이터연구소 지용근 대표는 기독교인의 감사 인식은 비교적 양호한 수준이지만, 여전히 가족에 대한 감사 표현과 상황에 적절한 감사 표현에 대한 학습이 필요한 상황이라고 했다. 그래서 무엇보다 감사 캠페인과 같은 감사 생활 훈련을 통해 앞으로 감사를 생활화하려는 노력이 필요하다고 제안했다.

설문조사에서 또 하나 눈여겨봐야 할 데이터가 있다. 기독교인의 46퍼센트는 고난 가운데 감사 기도를 한 경험이 없다고 답한 것이다. 좋은 일이 있을 때만 감사한다는 것이다. 나는 지금까지 감사가 우리 삶에 총체적으로 유익하다는 사실을 강조해 왔다. 고난 중에는 가장 많은 스트레스를 받는 시기이므로 감사가 더욱 필요하다. 왜냐하면 감사를 통해 스트레스 호르몬을 가능하면 빨리 중화시켜야 하기 때문이다. 스트레스 호르몬이 분비되면 내분비계와 면역계, 신경계 모두 취약한 상태가 되기 때문이다. 결론적으로 건강을 유지하거나 향상시키기 원한다면 반드시 감사해야 한다. 가장 힘든 시기는 가장 감사가 필요한 시기라는 것을 꼭 기억하자.

감사는
영적 삶의 척도다

한국 교회의 감사 운동에 대한 자료들을 찾다가 경기도 용인에 위치한 송전교회의 추수감사절 예배에 대한 특별한 기사를 읽게 되었다. 추수감사절 강단에 과일 바구니와 함께 성도들이 일 년 동안 작성한 감사 일기장을 예쁘게 진열한 사진도 보았다. 가슴이 뭉클해졌다. 언젠가 기회가 되면 꼭 그 교회의 추수감사절 예배에 참석하고 싶었다. 그래서 한국 방문 시 추수감사절에 맞추어 송전교회를 방문했다.

아침 예배당에 들어서니 강단 주변에는 풍성한 과일 바구니와 감사 일기장이 즐비하게 놓여 있었다. 감동이었다! 많은 성도들이 일 년 동안 쓴 감사 일기장을 추수 감사 예물로 하나님께 드리는 모습이 너무나 귀했다.

식사 후 권준호 담임목사에게 왜 이렇게 감사 목회에 열심인지 물어보았다. 그는 17년 전 처음으로 이 교회에 부임할 때부터 감사 목회를 결심했다고 한다. 불평과 불만이 다소 많았던 당시의 교회 분위기를 바꿀 수 있는 제일 좋은 방법이 감사라고 생각했기 때문이다. 송전교회의 감사 실천 활동들은 교회 공동체의 분위기를 바꾸었고, 성도들의 얼굴에서도 기쁨과 행복을 확인할 수 있었다.

얼마 뒤 「아름다운동행」의 감사학교 교장인 이의용 박사를 만나게 되었다. 그는 쌍용에서 27년간 직장생활을 할 때 매일 즐거웠던 비결로 감사를 꼽았다. 『내 인생을 바꾸는 감사일기』(아름다운동행, 2010)와 『10-10 감사행전』(아름다운동행, 2022)도 저술했다. 또 감사 실천을 이끌어 갈 리더를 양성하기 위해 감사 코치 과정을 인도하면서 최근에는 '10-10 감사 운동'도 펼치고 있다. 이는 하루에 10번 감사 인사하고, 10번 감사하다는 인사 받기 운동이다. 감사를 잘 표현하는 나도 그 정도까지는 생각해 보지 못했는데, 10-10 감사는 내게 엄청난 도전이었다.

이의용 박사는 코로나19로 인해 무너진 교회 공동체 의식을 어떻게 회복할 것인가에 대한 대안으로 소그룹 중심의 감사 운동의 중요성을 강조했다.

절기 중심에서 벗어나 일상생활에서 지속적인 감사 생활과 하나님을 비롯해 이웃을 향한 감사와 나눔은 정말 중요합니다. 코로나19가 가져온 여러 가지 변화 속에서 예배 공동체의 회복만 중요한 게 아닙니다. 크리스천다운 삶을 살도록 하는 것이 중요합니다. 기억해야 할 것은, 크리스천들은 성경을 읽지만, 비신자들은 크리스천들의 삶을 읽습니다. 그들은 크리스천들의 삶을 봅니다. 그래서 감사 운동을 통해 교회에 대한 신뢰도를 다시 높여야만 합니다.

그날 밤 필자의 감사 일기의 주인공은 당연히 이의용 박사였다.

바쁜 시간에 먼길 마다하지 않고 달려오셔서 내게 주신 시간의 선물, 맛있는 다과를 대접해 주신 배려와 친절의 선물, 그리고 감사에 대한 경험과 지혜를 나누어 주신 선물에 감사합니다. 또한 감사 실천을 위한 훈련의 필요성과 비전을 나누는 동역자를 만나서 가슴이 뜨거웠습니다. 감사합니다.

목회데이터연구소의 지용근 소장도 소그룹 감사 모임이 효과적이라고 주장했다.

신앙생활이 다 그렇지만, 감사 생활 역시 혼자서는 지속하기 어렵다. 감사 생활을 지속적으로 하기 위해서는 감사 제목이나 감사 생활을 서로 이야기하는 '감사 나눔 모임'의 구축이 효과적이다. 이번 조사에서 소그룹 활동자들이 비활동자보다 훨씬 감사 성향이 높은 것을 보면 소그룹 모임에서 감사를 나누는 것이 매우 효과적임을 알 수 있다. 우리는 감사 생활이 세상을 보는 긍정적 시각을 높이고, 사람과의 관계성도 긍정적으로 바꾸는 힘이 있다는 사실을 조사를 통해 확인했다. 이번 추수감사절을 맞아 한국 교회에서 감사 운동이 새롭게 일어나 한국 사회를 조금 더 건강하고 밝은 사회로 이끌어 가기를 기대한다.

이의용 박사와 지용근 소장의 말에 100퍼센트 동의한다. 감사 실천은 소그룹으로 훈련 받고 실천할 때 가장 효과가 높다는 사실을 이미 확인했기 때문이다. 패밀리터치에서 실시하는 8주간의 스트레스 관리 훈련 가운데 필수로 하는 감사 일기를 쓰면서 그 유익을 확실히 알고 나면 프로그램이 끝나고 나서도 지속적으로 감사 일기를 쓰는 분들이 많다. 매주마다 감사 일기를 썼는지, 일기 쓰면서 변화가 있었는지, 힘든 점은 무엇이었는지 등 소그룹과 함께 나누면서 서로를 통해 배우는 시간을 갖는다. 행여라도 바쁜 일이 생겨서 감사 일기를 한 주 쓰지 못한 사람도 이 시간의 나눔을 하고 나면 다시 감사 일기 쓰기를 하려고 의지를 다지게 된다. 그렇게 8주 동안 쓰다 보면 감사 일기의 유익을 하나씩 깨닫고 체득하게 된다. 감사의 유익을 경험했기에 멈출 수 없는 습관이 되는 것이다. 그렇게 되면 매 주일 강조하지 않아도, 매달 잔소리하지 않아도 감사 훈련을 스스로 하게 된다. 그래서 소그룹을 통한 훈련이 가장 효과적이라는 것이다.

나아가 감사 훈련이 개교회의 제자 훈련 프로그램에 반드시 포함되어야 한다. 왜냐하면 셜리 톰프슨 루이스Shirley Thompson-Lewis의 "감사는 신앙 성장의 과정에서 필요한 영적 훈련"이라는 말과 닐 피첼Neil Pitchel의 "감사는 영적 삶을 가늠하는 척도"라는 말에 전적으로 동의하기 때문이다.

이 책의 원고를 쓰다가 스트레스 관리 프로그램에 참석할 때 감사 일기를 열심히 썼던 한 참가자가 생각이 나서 전화를 걸었다.

"안녕하세요? 김 여사님, 요즘도 감사 일기 잘 쓰고 계시죠?"

"4년 전 췌장암 수술을 하고 나서 회복하는 중에 겨울이면 늘 우울증 때문에 고생이 많았어요. 그런 경험 때문에 이번 겨울을 어떻게 지낼까 걱정하고 있었는데, 패밀리터치에서 스트레스와 감정 관리 프로그램을 수강하면서 우울증을 거의 겪지 않고 겨울을 보내게 되어서 너무 감사해요. 그 후로 지금까지 감사 일기장을 부엌 테이블 위에 올려 두고 감사한 일이 생각날 때마다 일기장에 기록하고 있어요. 이렇게 1년 반 동안 꾸준히 감사 일기를 쓰면서 감사는 이제 자연스러운 습관이 되었어요. 감사 일기를 쓰고 감사 표현을 자주 하면서부터는 남편이 달라졌어요. 전보다 내 말에 귀를 기울여서 잘 들어주는 거예요. 한동안 소원했던 딸과의 관계도 회복이 되었구요. 또 이전과는 달리 주변에 사는 이웃들도 나와 함께 이야기하는 것을 좋아해요. 아마 내가 전보다 자신들을 더 잘 이해해 주고 위로나 격려를 하거나 감사를 표현하기 때문인 것 같아요. 교회에서는 성도들에게도 말이나 행동으로 감사를 표현하니까 그들이 나를 좋아하는 것 같아요. 무엇보다 하나님과의 관계가 좋아졌어요. 하나님이 내 아버지이고 내가 하나님의 딸이라는 사실이 가슴 절절히 느껴져요. 생각할수록 감사해요."

영적으로 성숙한 사람은 감사를 더 잘하지만, 거꾸로 감사를 잘 실천하면 영적으로도 성숙하게 된다는 사실을 이분의 짧은 체험을 통해 확인할 수 있었다. 감사 실천의 삶을 통해 배우자와 가족과 이웃과 교회 공동체, 더 나아가 하나님과의 관계도 깊어졌다니 참으로 감사하다. 감사 운동하는 사람들이 얻는 보람은 바로 이것이다.

고난 극복의 비결, 감사

다음은 필자의 자서전 『아빠의 선물』(시냇가에심은나무, 2012)에서 일부 발췌했다. 가장 힘들었을 때 어떻게 감사를 통해 고난을 이겨냈는지에 대한 고백이다.

감사는 그 속에 마력을 갖고 있다. 사람을 살리는 힘을 갖고 있다. 역경을 이겨낼 수 있는 힘을 갖고 있다. 남편과 나는 고통 가운데 감사를 배우게 되었다. 입술로부터 나오는 감사가 아니라 가슴 저 밑바닥에서 우러나오는 진정한 감사를 배우게 되었다. 남편의 근위축증 투병 초기에는 모든 것을 다 잃어버린 것처럼 느껴졌다. 박사 학위도 잃었고, 일거리도 잃었고, 건강도 잃었고…. 하지만 시간이 흐를수록 남편은 '내가 잃은 것은 건강뿐이다. 아직도 나는 많은 것을 가지고 있다'라는 마음을 갖게 되었다. 진정한 감사는 고통의 순간에 시작되었다. 절망적인 환경에서 시작되었다.

토바고섬의 나병 환자의 감사는 감사하지 못하는 우리에게 큰 도전을 준다.

미국 어느 교회의 한 무리 교인들이 토바고섬으로 단기선교를 갔을 때 나병 환자촌을 방문했다. 선교 여행의 마지막 날 교인들을 이끌었던 목사는 나병 환자촌 예배당에서 예배를 인도하게 되었다. 예배 도중 참석자들에게 좋아하는 찬송가가 있느냐고 물었다. 그때 한 여자가 등을 돌리며 손을 들었다. 그녀는 목사가 보았던 나병 환자 중 얼굴이 가장 많이 찌그러져 있었다. 귀도 없고 코도 없고 입술도 온데간데없어서 하얀 치아만 드러나 보였다. 손가락도 없었다. 그런데 그녀가 손을 올린 것이다.

"제가 좋아하는 찬송, 받은 복을 세어 보아라 찬송가 429장 「세상 모든 풍파 너를 흔들어」를 부를 수 있을까요?"

목사는 찬송을 인도하기 시작했다.

세상 모든 풍파 너를 흔들어 약한 마음 낙심하게 될 때에 내려 주신 주의 복을 세어라 주의 크신 복을 네가 알리라 세상 근심 걱정 너를 누르고 십자가를 등에 지고 나갈 때 주가 네게 주신 복을 세어라 두렴없이 항상 찬송하리라

목사는 목이 메어 그 찬송가를 마지막 절까지 부를 수 없었다. 그녀의 말에 너무 감동이 되고 자신이 부끄러워서 눈물을 비 오듯 흘리다가 강단에서 내려왔다. 그러자 함께 온 교인이 목사를 부축하며 위로했다.

"다시 강단에 올라가셔서 그 찬송을 부를 순 없겠지요? 목사님?"

"아닙니다. 그 찬송을 다시 부를 겁니다. 하지만 절대 전과 같이 부르지는 않을 겁니다."

목사는 다시 강단에 올라가서 뜨겁게 찬송을 불렀다.

귀도, 코도, 입술도, 손가락도 없고, 얼굴은 형체를 몰라볼 정도로 찌그러져 있는 그녀가 주신 복을 세어 볼 수 있다면, 그 찬송에서 은혜를 받을 수 있다면 더 이상 고난이 그녀를 불행 가운데 묶어둘 수 없다. 감사로 불행의 끈을 끊었기 때문이다.

우치무라 간조內村鑑三는 이런 말을 했다.

인생의 밑천을 0으로 삼으라. 그리하면 범사에 감사하리라. 성경의 욥이 바로 그런 사람이었다. "내가 모태에서 알몸으로 나왔사온즉 또한 알몸이 그리로 돌아가올지라 주신 이도 여호와시요 거두신 이도 여호와시오니 여호와의 이름이 찬송을 받으실지니이다"(욥 1:21) 아무것도 가진 것 없이 시작한 인생이라고 생각하면 나는 어떤 환경에 처하든지 0보다는 더 많은 것을 갖고 있다. 그렇다면 나는 없는 것을 가지고 불평하지 않고 있는 것으로 인해 감사하게 될 것이다. 스펄전 목사님의 말씀이 생각난다. "별빛에 감사하는 자에게 달빛을 주시고, 달빛에 감사하는 자에게 햇빛을 주시고, 햇빛에 감사하는 자에게 영원히 지지 않는 주님의 은혜의 빛을 주신다."

고난 가운데 감사를 배우면 고난을 이길 수 있다. 왜냐하면 감사는 고난 극복의 비결이기 때문이다. 어떠한 환경 속에서도 자족하는 삶의 비결이기 때문이다. 고난의 때에는 하루를 산 것으로 만족하고 감사할 수 있어야 한다. 나에게 주어진 고난의 총 길이가 얼마나 되는지 알 수 없지만, 고난의 날 중에서 하루가 지나갔음을 생각하고 감사해야 한다. 내일의 염려는 내일로 미루는 것이 좋다. 고난 속에서는 그날 하루 버티는 것도 힘든 일이다. 그래서 고난 중에는 내일을 염려하지 않는 법을 배우는 것이 중요하다.

사실 고난 가운데 있는 사람에게는 걱정거리가 많다. 염려되는 일이 한두 가지가 아니다. 수백 가지의 염려와 걱정이 밀려왔다 밀려간다. 돈, 건강, 자녀, 가정과 같은 미해결된 문제에 대한 걱정 등이다. 이런 상황 속에서 염려하지 않는다는 것은 정말 어려운 일이다. 우리에게도 돈에 대한 걱정이 참 많았다. 엄청난 병원비, 매달 필요한 의료비, 생활비, 지불해야 할 렌트비와 공과금 등 수두룩하게 쌓인 것이 납부 고지서였다. 어떤 때는 병원에서 온 고지서만 해도 10개 이상이 되었다. 수입보다는 지출이 훨씬 더 많았다.

그런데 우리의 재정적 필요마다 신실하게 채우시는 주님의 손길을 경험하고는 담대한 마음이 생겼다. 믿음이 생겼다.

'아! 정말로 주님이 채우시는구나!'

그 깨달음과 함께 주님이 내게 이렇게 말씀하시는 것 같았다.

"정숙아, 돈에 대한 걱정은 하지 말아라. 남편 병 간호하느라 몸도 마음도 힘든데, 그것만으로도 충분하다. 돈은 내가 책임질게. 너는 너에게 주어진 고통이나 잘 견뎌내. 알았지?"

그 뒤로부터 나는 돈에 대한 걱정을 하지 않는다. 패밀리터치 사역을 위해서도 늘 재정이 필요했지만, 하나님이 채우실 것을 믿기에 큰 걱정 없이 잠을 잔다. 염려함으로 키를 한 자 더 크게 할 수 없다. 염려한다고 돈이 생기지 않는다. 염려한다고 문제가 저절로 해결되지 않는다. 염려한다고 관계가 회복되거나 건강이 회복되는 것이 아니다. 오히려 염려 때문에 건강이 악화되고 관계가 악화될 수 있다. 염려가 주는 유익은 조금도 없다. 백해무익하다. 현재의 삶을 걱정과 염려로 낭비할 수 없다. 오늘 이 하루는 내 삶에 다시 찾아오지 않을 처음이자 마지막인 날이다. 이날을 염려 때문에 망칠 수 없다.

추수감사절 무렵이었다. 잠자리에 들기 전 남편과 함께 올 한 해 동안 감사한 일에 대해 이야기를 나누었다. 지난 일주일 동안 감사한 일들을 생각했다고 하면서 수십 가지나 되는 감사의 제목을 열거했다. 그리고 마지막으로 "병을 주심도 감사합니다"라고 했다. 그 말을 들으면서 나는 그래도 그건 아니라는 생각이 들었다.

"여보, 진심으로 그렇게 느껴요?"

"감정적으로는 어려웠지만, 의지적으로 그렇게 생각했지. 사실 너무 무서운 병이어서 당황했고, '하나님, 꼭 이렇게 하지 않으면 안 되었나요?' 하는 마음도 들었지만, 지금은 진심으로 그렇게 생각해. 병을 통해 많은 걸 깨달았으니까."

살아 계신 하나님을 삶 속에서 생생히 체험하는 기쁨, 시련을 통해 정금같이 나올 믿음에 대한 기대, 영적으로 전과는 비교할 수 없이 하나님과 가까워진 점, 이 모든 것들이 자신의 병으로 인해 경험하는 감사의 조건이라고 했다. 무엇보다도 하나님 마음에 합당한 자로 만드시기 위해 매일 자신을 빚으시는 하나님의 손길을 느낄 때 감사하지 않을 수 없다고 했다.

시간이 지날수록 남편의 병은 더 깊어졌지만, 그에 따라 감사할 일들도 새롭게 생겨났다. 1년 동안 병원에 두 번밖에 입원하지 않은 것도 감사했다. 다른 날보다 침과 가래가 적게 나온 것에 감사했고, 컨디션이 조금 나아진 것도 감사했다. 욕창이 생기지 않은 것도 정말 정말 감사했다.

한번은 연세가 지긋한 여자 목사님이 오셔서 남편을 위한 중보기도를 마치고 나를 위한 기도를 따로 해 주셨다. "너는 내가 너무나 사랑하는 딸!"이라고 하셨다. "내가 너를 상하지 않도록 나의 천사들을 보내 너를 눈동자처럼 지키며 보호하고 있다"고 말씀하시는 순간, 온몸에 소름이 돋았다. 그 말씀이 무엇을 의미하는지 잘 알고 있었기 때문이다.

오랜 시간 계속된 수면 부족으로 인해 졸음운전을 할 때가 많았다. 신호등 앞에서 빨간불만 켜지면 그 짧은 사이에도 잠이 들곤 했다. 뒤에서 기다리던 차가 경적을 울리면 놀라 깨서 다시 운전하다가 그다음 신호등에서 다시 잠이 드는 식이었다. 그뿐만이 아니다. 졸음운전 중 일방통행로인지 모르고 차를 몰다가 반대편에서 오는 차와 부딪칠 뻔한 적도 많았다. 생각해 보면 참으로 아찔한 순간들이었다. 그런데 그때마다 하나님께서 천사를 보내어 나를 지켜 주셨다니! 위험과 사고로부터 나를 상하지 않도록 보호하고 계셨다니! 감동이었다. 감사였다.

남편이 말을 할 수 있는 것도 감사했다. 근위축증을 앓고 있는 대부분 환자들은 어느 정도 시간이 지나면 말을 할 수 없게 된다. 만약 남편과 내가 의사소통을 할 수 없었다면 어떻게 되었을까? 상상만 해도 끔찍한 일이다. 말하기를 좋아하는 남편에게서 그 기능이 멈추어 버렸다면 그는 극심한 절망을 맛보아야 했을 것이다. 그는 복음을 전할 수 없었을 것이고, 삶의 간증을 나눌 수도 없었을 것이다. 가족들과 사랑의 대화를 나눌 수도 없었을 것이다.

갑자기 쓰러져 말을 할 수 없었던 시간이 그에게도 있었다. 그때 나는 글자판을 만들어 간신히 그와 의사소통을 할 수 있었다. 얼마 후 기적처럼 다시 말을 할 수 있게 되었다. 그러니 어떻게 감사하지 않을 수 있겠는가? 그리고 또 감사했다. 오늘 먹을 것이 있음에 감사했다. 그를 돌보느라 밤에 다섯 번만 일어난 날도 감사했다. 컨디션이 나쁠 때면 열 번, 스무 번 잠에서 깨어나 그의 시중을 들어야 하는 날도 있었기 때문이다. 집에 전기가 나가지 않은 것도 감사했다. 전기가 나가면 그의 생명을 지켜 주는 모든 기구들이 작동을 멈출 텐데 그런 일이 한 번도 없었으니 감사했다.

한번은 천둥과 번개로 인해 우리 사는 바로 옆 타운의 전기가 끊어졌는데, 우리 타운은 괜찮았다. 그날 밤 우리는 우리를 보호해 주시는 하나님께 감사했다. 고난 중에서 우리와 함께하시며 감사를 깨닫게 하시는 분께 감사했다.

감사의 걸림돌: 비교의식

비교의식이란 다른 사람과 자신을 비교하는 것이다. 선의의 경쟁을 위한 비교나 자신의 성장을 가져오는 비교라면 좋겠지만, 대부분 비교의식은 부정적인 면을 더 많이 내포하고 있다. "사촌이 땅을 사면 배가 아프다"라는 옛 속담이 여기에 해당된다. 나의 실력과 친구의 실력을 비교하고, 자신의 외모와 친구의 외모를 비교하며, 내 차와 동료의 차를 비교하는 것, 내 자식과 이웃집 자식을 비교하고 내 배우자와 이웃집 배우자를 비교하게 되면 이내 비참한 심정을 갖게 된다. 비교하는 사람에게는 불평과 불만이 생긴다. 심하면 시기나 질투 혹은 분노의 감정까지 갖게 된다. 이러한 감정들이 스트레스를 가져오니 배가 아픈 것이다.

둘째, 비교의식은 감사의 커다란 걸림돌이 된다. 내 사과는 작아 보이고, 다른 사람 손에 있는 사과가 더 탐스러워 보이는데 어떻게 감사를 하겠는가? 비교하지 않는다면 내 사과를 맛있게 먹을 수 있을 텐데, 비교 때문에 사과 맛을 제대로 못 누리게 된다. 비교에는 상향 비교와 하향 비교가 있다. 상향 비교는 감사에 결코 도움이 되지 않지만, 하향 비교는 감사에 도움이 된다. 그런 이유로 감사 전문가들은 상향 비교보다 하향 비교를 하는 것이 스트레스를 극복하는 데 도움이 된다고 말한다. 유방암으로 유방 보존술을 한 여성들이 자기보다 어린 나이에 유방 절

제술을 한 사람과 자신을 비교하게 되면 덜 스트레스를 받는다는 연구 결과가 있다.

나도 힘들고 지칠 때나 고난 중에 있을 때 나보다 더 힘든 사람들을 찾아 하향 비교를 하고자 노력했다. 노력의 결과, 그들보다는 나의 상황이 조금 더 나은 것 같아서 불평을 그치고 감사를 할 수 있었다. 『아빠의 선물』에서도 내가 고난의 순간을 이겨낸 하향 비교에 대해 적었다.

고난의 순간을 불평 대신 감사하는 삶을 살기 위해 노력했다. 참 이상한 일이다. 사람이 고난 가운데서 있을 때는 나보다 더 힘든 사람을 바라봐야 살 수 있다. 더 고통 가운데 있는 사람을 바라봐야 감사할 수 있고, 위로를 받을 수 있고, 힘을 얻을 수 있다. 그래서 나 자신이 고난 속에서 생존하기 위해 고난 당한 사람들의 이야기를 많이 읽었다. 그들을 통해 고난 속에서 승리하는 비결을 배우게 되었다. 그런 책들을 읽다 보니 나의 고난은 정말 아무것도 아닌 것처럼 느껴질 때도 있었다.

자신의 비교의식은 어느 정도인지 측정해 보자.

0은 나는 비교의식이 거의 없다. 5는 중간 정도다. 10은 나는 상향 비교의식이 아주 강하다.

행동하면 커지는 감사: 감사의 기도 드리기

신앙생활을 하는 사람들은 대부분 그렇지 않은 사람들보다 감사의 기도를 많이 한다. 매일 아침 일어나 눈을 뜨면 하루를 선물로 생각하고 드리는 감사 기도, 식사 때마다 일용할 양식을 주신 하나님께 드리는 감사 기도, 하루를 접으며 잠자리에 들기 전에 드리는 감사 기도 등이다. 하지만 이제부터는 하루 중 어느 때라도 짧은 감사의 기도를 드리자. 기쁠 때나 슬플 때, 순경에나 역경에나 감사를 드려 보자. 그리고 어떤 일이 일어나는지 살펴보자. 기분이 어떻게 달라지는지, 당신의 삶이 어떻게 달라지는지 관찰해 보자.

감사 근육 키우기: 힘들었을 때 기억하며 감사하기

감사하기 어려울 때 힘들었던 지난날의 일들을 생각하면 금방 감사가 가능해진다. 내가 아프거나 가족들이 아플 때, 가슴 아픈 일을 만날 때, 경제적으로 어려웠던 때, 실패했을 때, 관계가 문제가 생겨서 잠 못 이룰 때, 부부 사이에 문제가 생겼을 때, 부모와 자녀 간에 갈등이 깊어질 때 등을 생각해 보면 감사할 이유들을 많이 찾을 수 있다. 가장 외롭고 고독했던 때, 터널을 지나고 있는 것처럼 삶이 제대로 풀리지 않을 때를 생각해 보는 것이다. 그때를 기억해 보면 '지금은 그때보다 낫구나'라는 생각이 들어 감사가 가능해진다.

나는 지금까지 살아오면서 크고 작은 어려움과 고난을 많이 겪었기에 그때와 지금을 비교해 보면 감사할 것이 금방 떠오른다. 내가 편하게 호흡할 수 있다는 사실에 감사로 가슴이 쩡해질 때가 많다. 폐렴으로 호흡하기 힘들었던 시간, 계속되는 기침과 가래 때문에 잠을 잘 수 없었던 밤들을 생각해 보면 내가 잠을 잘 수 있다는 사실이 기적처럼 느껴진다. 나는 아주 오랫동안 경제적으로도 힘든 시간을 지내왔다. 그때는 한 달 생활비도 늘 염려해야 하는 상황이었는데, 지금은 그렇지 않으니 감사하다. 병원 갈 돈이 없어서 아파도 꾹 참곤 했는데, 건강보험이 있으니 더 이상 아픈 것을 참을 필요가 없어졌다. 그때와 지금을 비교해 보면 감사가 절로 나온다.

당신이 만약 감사하기 어려운 순간을 맞고 있다면 과거에 더 어려웠던 순간이나 일들을 생각해 보자. 그때와 비교해 보고 지금 그 정도의 상태는 아니니 감사하다고 쓰자. 고난 중에는 감사를 찾아야 이를 잘 극복할 수 있기 때문이다.

기억하자. 힘들수록 감사해야 살 수 있다는 사실을!

감사 실천 평가하기

부록의 '감사 측정 설문지'와 '행복도 측정 설문지'를 다시 한 번 해 보자. 그리고 처음에 작성했던 설문조사 점수와 비교해 보자. 자신의 감사 실력이 얼마나 향상되었는지, 그리고 행복도 지수가 얼마나 높아졌는지 확인해 보자.

내가 만일 아프지 않았더라면 다른 일로 분주해서 감사 연구에 전념하지 못했을 것이다. 암을 얻은 덕분에 감사를 연구하게 되었고, 감사 덕분에 나는 힘든 치료 과정을 잘 이겨내고 있다. 감사를 배우고 실천하면서 중환자들이 흔히 빠지기 쉬운 자기연민의 덫에 걸리지 않아서 감사하다. 건강을 걱정하는 대신에 감사로 내 몸과 마음을 채우면서 건강도 많이 좋아졌다.

감사에 집중하면서 매일 나에게 주어진 하루를 소중한 선물로 생각하고 그 하루를 가장 값지게 살기 위해 노력했다. 미래를 향해 질주하던 삶에 정지 버튼을 누르고 오늘 하루가 내 삶의 전부인 양 중요한 일에 대한 우선순위를 놓치지 않으려고 했다. 그렇게 하루씩만 살면서 내 삶은 몰라보게 단순해졌고, 현재에 집중하는 삶을 통해 불필요한 에너지 손실을 줄일 수 있게 되었다. 그 덕분에 감사에 대한 연구와 글을 쓸 수 있었다. 암이 아니었더라면 아마 이 책도 세상에 나올 수 없었을 것이다. 그렇게 생각하니 불청객으로 찾아온 암에게도 감사하다.

감사 연구는 나로 새로운 꿈을 꾸게 만들었다. 감사로 행복해진 사람들이 서로 얼싸안으며 연대하는 모습을 보고 싶은 꿈이다. 감사하는 사람들이 베푸는 친절과 선행으로 각박한 세상이 아름다워지는 것을 보고 싶은 꿈이다. 감사로 불신 사회가 신뢰 사회로 바뀌는 모습을 정말로 보고 싶다. 할 수만 있다면 건강 때문에 고생하는 수많은 사람들의 손을 잡아 일으켜 주고 싶다. 그들과 함께 서로가 힘이 되는 감사 공동체도 만들고 싶다.

3년의 연구 자료를 한데 모아 원고를 쓰기 시작한 지 4개월이 흘렀다. 최근에는 장시간 컴퓨터 앞에 앉아 글을 쓸 수 있을 만큼 컨디션도 좋아졌다. 몰입과 집중력도 놀라웠다. 도대체 어디서 이런 에너지가 나오는 걸까? 두말할 것도 없이 감사의 힘이다.

꽃샘추위가 물러나고 상큼한 봄이 왔다. 이젠 창 밖으로만 내다보던 정원의 봄을 만나러 가야겠다. 노오란 수선화를 가까이서 마주하고 허리를 굽혀 향기 진한 히아신스의 냄새를 맡으며 감탄해야겠다. 그리고 정원의 봄보다 더 큰 봄을 만나러 가야겠다. 세상을 환하게 밝히는 개나리와 연분홍 벚꽃 흐드러진 숲으로 가야겠다. "새의 지저귐, 들의 꽃 한 송이, 별이 반짝이는 밤하늘, 이 세상에서 진정으로 아름다운 것은 다 공짜"라고 했던 스웨덴의 의사 악셀 문데Axel Munthe의 말처럼 공짜 선물을 받으러 가야겠다.

숲속에 가면 신선한 감사 거리가 새롭게 떠오르고, 글이 제대로 풀리지 않아 답답할 때 복잡한 생각들이 정리된다. 글에 대한 영감을 불러일으키는 숲, 그 숲으로 달려가서 오늘은 감사를 전해야겠다. 네 덕분에 이 책을 잘 끝낼 수 있었노라고.

그리고 봄 빛깔로 물든 감사의 새 옷 입고 얼마 전에 썼던 「감사」라는 시를 또박또박 힘주어 읽으며 또다시 꿈을 꿔야겠다.

1.

병상에서 신음할 때
연둣빛 희망의 옷 입고
하늘의 선물로 다가온 너!

첫눈에 반해
너와 사귀면서
난 불평과 작별을 했다

네 얼굴 떠올리면
폭풍으로 출렁이는 마음에
평화가 밀려오고
나즉이 네 이름 부르면
내 안에 기쁨이 샘물로 솟아
걱정과 불안도 줄행랑친다

온몸과 마음에 너로 채우니
세상적인 욕심의 줄이
스르르 힘을 잃는다

네 곁에 있으면서
난 인내와 겸손을 배우고
오늘을 충만히 사는 지혜를 배운다

2.

어디 그뿐이랴!
너와 뜨겁게 포옹하자
피곤의 무게 줄어들고
내 몸을 괴롭히던 염증도
하나둘씩 자취를 감춘다

밤이면 네 품에 안기어
칠흑 같은 불면을 던져 버리고
단잠을 자기 시작했다
죽음 같은 탈진에서
기지개 켜며 일어났다

3.

어디 또 그뿐이랴!
너를 만나 연애하다
문득 달라진 내 모습에

소스라쳐 놀랐다

마주하는 일상 속에
네가 숨겨 둔 크고 작은 보석들
내 눈에 반짝거려
아이처럼 감탄하는 나!

꿈인 듯 생시인 듯
하늘로 비상하며
감사의 씨앗 뿌리는 나,
광대한 지구를 끌어안는 나!

온 우주 만물에
'감사'라는 네 이름
꼬옥 꼭 새기고
만나는 사람마다
네 이야기 들려주며
너를 만난 내 행복을 노래하리라

그들도 너를 만나 행복한 노래
온 세상 울리도록 부르게 하리라

감사 측정 설문지(GQ-6)

감사 측정 설문지를 통해 지금 당신의 감사 실력이 어느 정도인지 확인해 보라. 감사 실천 시작 전과 8주 후에 동일한 설문지를 작성하여 얼마만큼 감사 실력이 향상되었는지 확인해 보라. 이 책에 답을 직접 쓰지 말고, 다른 종이에 답을 쓰는 것이 좋다. 8주 후에 같은 설문지를 작성할 것이기 때문이다.

이름 _____ □ 남 □ 여 _____ 년 ____ 월 ____ 일

아래에 표시된 측정 등급을 참조하여 각 문항마다 당신이 어느 정도 동의하는지 문장 옆에 그 숫자를 쓰라.

1 = 완전 동의하지 않는다

2 = 동의하지 않는다

3 = 약간 동의하지 않는다

4 = 중간 정도이다

5 = 약간 동의한다

6 = 동의한다

7 = 완전 동의한다

①		나의 인생에는 감사할 것이 너무 많다.
②		만약 내가 감사하다고 느끼는 것들을 모두 나열한다면 매우 긴 목록이 될 것이다.
③		내 눈에 비친 세상에는 감사할 것이 별로 없다.
④		나는 다양한 사람들에게 감사하고 있다.
⑤		나는 나이가 들수록 내 인생사의 한 부분인 사람들이나 사건들 그리고 상황에 대해서 더 많이 감사할 것이다.
⑥		나는 좀 더 많은 시간이 지난 후에 어떤 일이나 누군가에게 감사를 느낄 수 있겠다.

출처: 마이클 맥컬러프, 로버트 에먼스

• 현재 감사일기를 쓰고 있는가?	☐ 예 ☐ 아니오

채점 안내

1) ①, ②, ④, ⑤번 항목들에 대해서는 점수를 합산한다.

2) ③, ⑥번 항목들에 대해서는 역으로 환산한다. 만일 7점이라면 1점으로 환산하고, 6점이라면 2점으로 환산한다.

3) 역으로 환산된 ③, ⑥번 항목들에 대한 점수를 합산하여 1)에서 계산된 점수에 더한다. 이 점수가 GQ-6의 점수가 된다. 이 점수는 6점과 42점 사이의 점수가 된다.

해석

감사 측정 설문지(GQ-6)에 응답한 1,224명의 성인을 대상으로 얻은 자료에 기초하여 당신의 점수를 이해하기 위한 몇 가지 기준은 다음과 같다.

- 25%: GQ-6 설문 응답자들의 25% 이상이 42점 만점 중 35점을 받은 사람들이다. 만일 당신의 점수가 35점 이하라면 당신은 감사하는 면에 있어서 하위 4/4수준에 있다.

- 50%: GQ-6 설문 응답자들의 50% 이상이 42점 만점 중 38점을 받은 사람들이다. 만일 당신의 점수가 38점 이하라면 당신은 본 설문조사에 응답한 사람들 중에서 하위 1/2에 속한다.

- 75%: GQ-6 설문 점수가 42점 만점 중 41점을 받은 사람들은 GQ-6 설문에 응답한 1,224명의 75%보다 높은 점수에 속한다. 만일 당신의 점수가 42점이면 전체 검사자의 상위 13%에 속한다.

행복도 측정 설문지(Be Happy Index)

행복도 측정 설문지를 통해 자신의 행복도를 측정해 보라. 감사 실천 시작 전과 8주 후의 점수 차이가 어떻게 나는지 확인해 보라. 이 책에 답을 직접 쓰지 말고, 다른 종이에 답을 쓰는 것이 좋다. 8주 후에 같은 설문지를 작성할 것이기 때문이다.

이름 _____ □ 남 □ 여

나이 _____ 세   작성일자 : _____ 년 ____ 월 ____ 일

아래에 표시된 측정 등급을 참조하여 각 문항마다 당신이 어느 정도 동의하는지 문장 옆에 그 숫자를 쓰라.

1 = 전혀 아니다   2 = 어느 정도 아니다   3 = 때로는 진실이다

4 = 약간은 진실이다   5 = 아주 진실이다

① 자신		나는 내가 누구인지 알고 있으며, 나는 나 자신을 좋아한다.
② 관계		나는 가장 중요한 관계에 가장 많은 관심을 둔다.
③ 일/자원봉사		나는 강한 목적의식을 가지고 있다. 그리고 내가 하는 일을 좋아한다.
④ 태도		대부분의 경우 내가 나의 태도를 결정한다.
⑤ 감사		현재의 나의 삶에 감사한다.
⑥ 용서		나는 과거의 상처와 실망을 잘 흘려보낸다.
⑦ 즐거운 인생		나는 즐길 줄을 알고, 또 즐기면서 산다.
⑧ 건강		나는 나 자신에게 관심을 기울이고 있으며, 나의 행복을 가꾸고 있다.
⑨ 영성		나는 무엇이 나에게 영감을 주고 나를 지지해 주며, 나에게 힘을 주는지 알고 있다.
⑩ 현재		나는 행복이란 일종의 여행과 같은 것이라고 믿는다.

출처: 로버트 홀든

채점 안내

각 문항에 대해 현재 당신의 느낌에 따라 1~5가지의 점수를 매겼다. 행복도 측정 설문지의 각 문항은 순서대로 자신, 관계, 일, 태도, 감사, 용서, 유머, 건강, 영성, 현재 등 10가지 영역을 검토하여 행복도에 대해 종합적으로 점검하고 있다. 각 점수를 합산하여 총점을 계산한 다음 2를 곱하여 최종 점수를 얻을 수 있다(예: 합산 점수가 35점이라면 35X2=70점). 그것이 당신의 행복 점수다.

해석

35점 이하(Shift Happens) | 설문지 작성 전에 당신의 낮은 점수를 이미 예상하고 있었을 것이다. 먼저 당신이 왜 그렇게 느끼는지 정직하게 직시할 필요가 있다. 당신의 행복을 다시 회복하는 데 도움을 받을 것을 권한다. 좋은 소식이 있다면 작은 변화가 행복도 지수에 큰 변화를 만들 수 있다는 것이다.

70점 이하(Self-Care) | 이 점수는 당신 자신을 더 잘 돌볼 수 있다는 신호이다. 불건전한 자기 희생을 조심하고, 자신을 방치했을 때에는 대가가 따른다는 것을 기억하라. 도움이 필요하면 그것을 인정하고, 자신의 행복은 다른 사람이 해줄 수 있는 일이 아니라는 것을 스스로에게 상기시켜라. 또 당신 자신의 치유와 행복이 다른 사람들에게 줄 수 있는 선물임을 잊지 말라.

83점 이하(Getting There) | 당신은 어떤가? "나는 괜찮아, 불평할 수 없어, 투덜거리면 안 돼, 그다지 나쁘지 않아, 더 나빠질 수 있어, 그저 그래"와 같은 답변에 주의해 보라. 당신은 그럭저럭 만족스럽게 살고 있지만 이제 더 행복해질 때다. 행복 지수를 10% 더 높인다고 상상해 보라. 더 행복해지기 위해 무엇을 더 하고 무엇을 덜 하겠는가? 아니면 다르게 할 것인가? 절반의 행복은 안전한 것 같지만, 궁극적으로 만족스러운 상태가 아니다. 더 행복해지기 위해 위험을 감수할 때다.

84점 이상(Be Happy) | 당신의 행복지수는 높다.

인생의 터닝 포인트를 만들어 주는
감사, 변화의 시작

초판 1쇄 발행 2022년 6월 30일
개정 1쇄 발행 2024년 2월 20일

지은이 정정숙
펴낸이 조현철

펴낸곳 도서출판 행복플러스
출판등록 2022년 4월 21일 제 25100-2022-000032호
주소 경기도 파주시 청석로 300, 924-401
전화 031-943-9754
팩스 031-945-9754
전자우편 karisbook@naver.com

총판 비전북 031-907-3927
ISBN 979-11-979105-2-4 03330

값 17,000원

ⓒ 정정숙, 2024